ITALIAN REVIEW

AND

CULTURE

by

MICHAEL CAGNO

NEW REVISED EDITION

1977

S. F. VANNI

Publishers and Booksellers

30 West 12th Street · New York, N.Y. 10011

TABLE OF CONTENTS

FIRST YEAR

TOPIC VOCABULARY

I mesi 32 — Le stagioni 32 — I giorni della settimana 32 — La scuola 32 — Class room expressions 33 Idiomatic expressions 34.

SECOND YEAR

THIRD YEAR

TOPICAL VOCABULARY

ITALIAN CIVILIZATION

FIRST YEAR

I—Formation of the Plural

I—Nouns ending in *o* are practically all masculine and form the plural by changing *o* to *i*.

Examples: *libro — libri; maestro — maestri.*

II—Nouns ending in *a* are usually feminine and form the plural by changing *a* to *e*.

Examples: *penna — penne; maestra — maestre.*

III—Nouns ending in *e* are either masculine or feminine. They form the plural by changing *e* to *i*, regardless of their gender.

Examples: *cane—cani (masc.); lezione—lezioni (fem.)*

EXERCISES

Make the following nouns plural:

1. fratello	7. zio	13. uscita	19. vino
2. sorella	8. cognato	14. porta	20. pera
3. nipote	9. casa	15. pavimento	21. pollo
4. cugino	10. scala	16. ascensore	22. dolce
5. cugina	11. tetto	17. pane	23. formaggio (*)
6. nonno	12. soffitto	18. acqua	24. salame

(*) NOTE: *Words ending in* io *simply drop the* o *to form the plural. Zio is an exception: its plural is* zii.

II—The Definite Articles

The word *the* is translated in seven different ways in Italian.

A—Normally we use: *il, i, la, le.*

Examples: *il libro, i libri, la penna, le penne.*

B—*L'* is used in front of singular masculine or feminine nouns beginning with a vowel.

Examples: *L'orologio, l'insalata.*

C—*Lo* is used in front of singular masculine nouns beginning with *z* or *s impura* (*s* followed by a consonant.)

Examples: *lo zio, lo specchio, lo stipo.*

D—*Gli* is used in front of plural masculine nouns beginning with *z, s impura* or *a vowel.*
Examples: *gli zii, gli specchi, gli orologi.*

EXERCISES

I—*Change the following to the plural:*

1. il padre	5. la classe	9. l'alunno	13. l'orologio
2. la cugina	6. lo stivale	10. l'alunna	14. lo scaffale
3. lo studio	7. lo zero	11. il nonno	15. la strada
4. l'opera	8. la madre	12. la zia	

II—*Change the following to the singular:*

1. gli asini	5. gli studenti	9. gli zoppi	13. i soffitti
2. le lezioni	6. le sedie	10. i giorni	14. le sigarette
3. le italiane	7. gli aggettivi	11. gli amici	15. gli oggetti
4. i compagni	8. i verbi	12. gli strumenti	

III—*Put the definite article in front of the following words:*

1. spazzolini *m.*	6. caloriferi *m.*	11. sorella	16. stanze *f. pl.*
2. amiche *f. pl.*	7. ospedale *m.*	12. acqua	17. uomini *m.*
3. zucchero	8. quaderni	13. zinco	18. asino
4. dentifricio	9. articoli	14. tappeti	20. genitori *m.*
5. studentessa	10. americana	15. stupido	19. *scatole f. pl.*

III—The Indefinite Articles

The indefinite articles in Italian are seven:

A—Normally we use: *un, una,* (a, an) *dei, delle* (some)
Examples: *Sing. un libro, una penna*
Plur. dei libri, delle penne

B—*Un'* is used in front of *singular feminine nouns* beginning with a vowel.
Examples: *un'amica, un'alunna,* but *un amico, un alunno.*

C—*Uno* is used in front of *singular masculine nouns* beginning with *z* or *s impura.*
Examples: *uno specchio* (a mirror), *uno zero* (a zero).

D—*Degli* is used in front of *plural masculine nouns* beginning with
z or a *vowel* or *s impura*.
Examples: *degli specchi, degli zeri, degli alunni.*

EXERCISES

I—*Change to the plural:*

1. un oggetto	6. uno zio	11. una lampada
2. un'italiana	7. una signorina	12. un articolo
3. una nipote	8. un numero	13. una zia
4. un nipote	9. un ospedale	14. uno spirito
5. un tavolino	10. un'insalata	15. un ascensore

II—*Change to the singular:*

1. delle domande	6. dei fratelli	11. degli orsi
2. dei cassetti	7. delle sorelle	12. delle opere
3. delle inglesi	8. dei banchi	13. dei coltelli
4. degli zaini	9. degli orologi	14. degli stipi
5. degli aggettivi	10. delle bacchette	15. degli amici

III—*Put the indefinite article in front of the following words:*

1. stranieri *m. pl.*	6. uscio	11 esami *m.*	16. bicchiere *m.*
2. amicizia	7. uscita	12. pianoforte *m.*	17. americane *f. pl.*
3. bandiera	8. tazza	13. zoppo	18. americani *m. pl.*
4. classi *f. pl.*	9. animali *m.*	14. cimose *f. pl.*	19. inchiostro
5. zii	10. cucchiai *m.*	15. dollari *m.*	20. stupido

IV—*For additional drill replace the definite article by the indefinite article in the exercises of lesson II.*

IV—The Present of the First Conjugation

Verbs ending in *are* belong to the first conjugation.
Learn the present of *comprare* and let it be your model verb.

> *Presente of COMPRARE*
> I buy, I am buying, I do buy the book.

Singular	Plural
io compro il libro	noi compriamo il libro
tu compri il libro	voi comprate il libro
Lei compra il libro	Loro comprano il libro
egli compra il libro	essi comprano il libro
essa compra il libro	esse comprano il libro

The present of all regular first conjugation verbs is formed by dropping *are* and adding to the stem the endings of the present tense: *o, i, a, iamo, ate, ano.*

NOTE:—The *Lei, egli* and *essa* forms for the singular, and the *Loro, essi* and *esse* forms for the plural are *always* the same in *all* verbs and *all* tenses. Henceforth only the *egli* and *essi* forms will be given.

IMPORTANT VERBS OF THE FIRST CONJUGATION

1. aiutare — to help
2. amare — to love
3. ammirare —to admire
4. ascoltare — to listen to
5. aspettare — to wait for
6. ballare — to dance
7. baciare(*) — to kiss
8. cambiare(*) — to change
9. camminare — to walk
10. cantare — to sing
11. cenare — to have supper
12. chiamare — to call
13. conservare — to preserve
14. contare — to count
15. desiderare — to desire
16. disturbare — to disturb
17. domandare — to ask
18. guardare — to look, look at
19. imparare — to learn
20. incominciare (*)—to begin
21. incontrare — to meet
22. indossare—to wear, to put on
23. insegnare — to teach
24. lavare — to wash
25. lavorare — to work
26. mandare — to send
27. mangiare(*) — to eat
28. mostrare — to show
29. odorare — to smell
30. parlare — to talk, to speak
31. pesare — to weigh
32. portare — to bring, to carry
33. pranzare — to dine
34. rispettare — to respect
35. salutare — to greet
36. spazzolare — to brush
37. stirare — to iron
38. studiare(*) — to study
39. suonare — to play, to ring
40. trovare — to find

(*) NOTE: Verbs ending in *iare* do not have a double *i* in the forms for *tu* and *noi*. Thus we have: *tu mangi, noi mangiamo.*

The negative form: A verb is made negative by putting *non* immediately before the verb.

Example: *Io compro il libro* becomes *Io non compro il libro*

The interrogative form: A verb is made interrogative by putting the subject after the verb.

Example: *Io compro il libro* becomes *Compro io il libro?*

The negative interrogative form: A verb is made negative interrogative by combining the above two rules:

Example: *Io compro il libro* becomes *Non compro io il libro?*

EXERCISES

I—*Add the correct endings to the following verb stems*:

1. essi aiut........
2. Lei ascolt........
3. voi cambi........
4. non chiam........ tu?
5. noi incominc........
6. Loro lav........
7. egli mostr........
8. esse pranz........
9. spazzol........ io?
10. non trov........ essa?

II—*Change subject and verb to the plural*:

1. Egli ama lo studio.
2. Essa aspetta lo zio.
3. Tu cammini presto.
4. Lei conserva i libri.
5. Io non guardo il quadro.
6. Incontra Lei la signorina?
7. Egli non lavora molto.
8. Essa odora i fiori.
9. Quando pranzi tu?
10. Io spazzolo la giacca.

III—*Change to the singular*:

1. Esse ammirano il quadro.
2. Noi baciamo la mamma.
3. Essi cenano alle sette.
4. Che cosa desiderate voi?
5. Imparano Loro la lezione?
6. I maestri insegnano bene.
7. Le ragazze mangiano poco.
8. Non portiamo noi i libri?
9. Salutate voi lo zio?
10. Suonano Loro il mandolino?

IV—*Replace the infinitive by the correct form of the present*:

1. (ammirare) Noi ——— le fotografie. 2. (ascoltare) Perchè non ——— voi la maestra? 3. (studiare) Maria ——— ogni sera. 4. (stirare) La mamma ——— i fazzoletti. 5. (rispettare) Gli alunni ——— i maestri. 6. (parlare) Io e Carlo ——— ad alta voce. 7. (mandare) Carlo e Giulia ——— i fiori alla zia. 8. (in-

dossare) Il babbo ———— un vestito nero. 9. (incominciare) La lezione ————. 10. (domandare) Che cosa ———— voi al maestro?

V—*Translate the English verbs into Italian.* WARNING: the words *am, is, are, do* and *does* are NOT translated.

1. Questi ragazzi *sing* molto bene. 2. Noi *are waiting for* il babbo. 3. Maria *doesn't speak* italiano molto bene. 4. *Do you study ogni giorno,* signorina? (Lei) 5. Io *do not disturb* il babbo quando egli *works.* 6. Essi *are counting* in italiano. 7. Maria e Lucia *are washing* i piatti. 8. *Do you meet* questo ragazzo ogni giorno? (tu). 9. Silenzio! Egli *is playing* il pianoforte. 10. Noi *kiss* sempre la mamma prima di uscire.

V—The Present of the Second Conjugation

Verbs ending in *ere* belong to the second conjugation.

The present of all regular second conjugation verbs is formed by dropping *ere* and adding to the stem the endings of the present tense: *o, i, e, iamo, ete, ono.*

Learn the present of *vendere,* and let it be your model verb.
Presente of VENDERE

I sell, am selling, I do sell the book ,etc.

io vendo il libro	noi vendiamo il libro
tu vendi il libro	voi vendete il libro
egli vende il libro	essi vendono il libro

Some important verbs of the second conjugation:

1. accendere — to light
2. bere (*) — to drink
3. chiudere — to close
4. credere — to believe
5. difendere — to defend
6. dividere — to divide
7. leggere — to read
8. mettere — to put
9. offendere — to offend
10. perdere — to lose
11. prendere — to take
12. rendere — to give back
13. ricevere — to receive
14. ripetere — to repeat
15. rispondere — to answer
16. scrivere — to write
17. spendere — to spend
18. temere — to fear
19. vedere — to see

(*) NOTE: The present of *bere* is formed from the old infinitive *bevere.*

EXERCISES

I—*Add the correct ending to the following verb stems:*

1. essi perd........
2. tu accend........
3. io difend........
4. Loro tem........

5. ved........ voi?
6. mett........ essa?
7. cred........ noi?
8. legg........ esse?

9. noi non scriv........
10. Lei non rispond.......
11. non ricev........ voi?
12. non divid........egli?

II—*Change to the plural:*

1. Tu vendi la casa
2. Egli perde i libri
3. Risponde Lei bene?

4. Essa difende l'amica
5. Io non leggo il libro
6. Teme egli il babbo?

III—*Change to the singular:*

1. Noi ripetiamo la lezione
2. I ragazzi ricevono degli zeri
3. Non prendono esse le penne?
4. Accendono Loro la lampada?
5. Quanto spendete voi al giorno?
6. Esse vedono bene la lavagna

IV—*Replace the infinitive by the correct form of the present:*

1. (chiudere) Roberto ——— la finestra. 2. (rendere) Essi ——
—i libri a Carlo. 3. (bere) I ragazzi ——— molto latte. 4. (dividere) Essa ——— la pera con Elena. 5. (difendere) Voi ———
sempre gli amici. 6. (vedere) Noi non ——— bene le parole.
7. (rispondere) Tu ed io non—— sempre bene. 8. (scrivere) Carlo
e Giuseppe ——— sempre il compito.

V—*Translate the English verbs into Italian. (REMEMBER the
warning given in the previous lesson).*

1. I ragazzi *are drinking* l'acqua. 2. Perchè *don't close* la finestra, Carlo? (tu) 3. Giuseppe *is reading* un libro italiano.
4. Noi non *offend* mai i maestri. 5. *Do you see* il quadro, signora? (Lei) 6. Quando *we do not study* noi *fear* il babbo. 7. Io e tu
are putting i libri sopra il banco. 8. Essi *do no believe* tutte queste
cose. 9. *Am I not repeating* tutte le parole italiane? 10. Antonio
is not writing il compito.

VI—The Present of the Third Conjugation

Verbs ending in *ire* belong to the third conjugation.

You must remember, however, that third conjugation verbs are divided into two classes: those conjugated like *sentire,* and those conjugated like *finire* (called the *isco verbs.*)

Presente of SENTIRE

> *I hear, I am hearing, I do hear well.*

io sento bene	noi sentiamo bene
tu senti bene	voi sentite bene
egli sente bene	essi sentono bene

Presente of FINIRE (isco verb)

> *I finish, I am finishing, I do finish the lesson.*

io finisco la lezione	noi finiamo la lezione
tu finisci la lezione	voi finite la lezione
egli finisce la lezione	essi finiscono la lezione

IMPORTANT VERBS OF THE THIRD CONJUGATION

NOTE: In order to determine if a verb is an *isco* verb drop the ending *ire,* and if you find that only one consonant precedes the *ire,* then you may be quite sure that it is an *isco* verb. (There are exceptions).

isco verbs	**non isco verbs**
1. capire — to understand	1. dormire — to sleep
2. obbedire — to obey	2. aprire — to open
3. proibire — to forbid	3. coprire — to cover
4. pulire — to clean	4. offrire — to offer
5. punire — to punish	5. servire — to serve
6. spedire — to send, to mail	6. soffrire — to suffer

EXERCISES

I—*Add the correct ending to the following verb stems:*

1. essi non cap........	6. il maestro proib........
2. voi non soffr........	7. la maestra offr........
3. dorm........ essa?	8. le ragazze obbed........
4. cap........ essa?	9. egli non pun........
5. non copr........ io?	10. non sped........ tu?

1. Egli non soffre molto.
2. Io non capisco niente.
3. A chi spedisci la lettera?
4. A che cosa serve un libro?
5. Il babbo proibisce questo.
6. Io offro dei dolci a Maria.

1. Capite voi la lezione?
2. Noi soffriamo molto.
3. Le signorine servono del caffè.
4. Dormite molto bene voi?
5. Noi puniamo i ragazzi cattivi.
6. Essi obbediscono la mamma.

IV—*Replace the infinitive by the correct form of the present*:

1.(aprire) Noi ——— la porta. 2. (capire) Maria non ——— queste parole. 3. (spedire) Noi ——— il pacco in Italia. 4. (soffrire) Essi ——— quando (ricevere) punti cattivi. 5. (dormire) Quante ore ——— Lei ogni notte? 6. (finire) Perchè non ——— il compito, Carlo? (tu) 7. (coprire) ——— sempre i libri, ragazzi? (voi) 8. (obbedire) Io ——— sempre i genitori.

V—*Translate the English verbs into Italian*:

1. Salvatore *doesn't understand* questa lezione. 2. *Do you understand* queste parole, ragazzi? (voi) 3. Tutte le ragazze *are opening* i libri. 4. Elena ed io *are sending* questa lettera al nonno. 5. Noi *clean* sempre la tavola dopo il pranzo. 6. *Do you clean* anche tu la tavola, Caterina? 7. A che cosa *serve* queste matite? 8. I ragazzi *are offering* un regalo a Giovanni. 9. Se *you suffer*, Pietro, *I suffer* anche. 10. Il maestro *forbids* ai ragazzi di parlare.

VII—The Agreement of Adjectives

The plural of adjectives is formed in exactly the same manner as that of the nouns.

There are two classes of adjectives: those ending in o and those ending in e.

Adjectives ending in o have four forms:

Examples: *il libro rosso — i libri rossi*
la penna rossa — le penne rosse

Adjectives ending in e have only two forms, the masculine and feminine forms being the same.

Examples: *il libro grande — i libri grandi*
la penna grande — le penne grandi

Examine the above examples and you will see that the adjective agrees in gender and number with the noun it modifies. If an adjective modifies more than one noun it is masculine plural if at least one of the nouns is masculine.

Examples: *il libro, la penna e la matita rossi*
but: *la penna e la matita rosse*

Some Important Adjectives in "o"

1. alto — tall, high
2. amaro — bitter
3. americano — American
4. basso — low, short
5. bello — beautiful
6. bianco(*) — white
7. buono — good
8. caldo — hot, warm
9. cattivo — bad
10. comodo — comfortable
11. contento — glad, satisfied
12. corto — short
13. cotto — cooked
14. crudo — raw
15. freddo — cold
16. garbato — well-mannered
17. giallo — yellow
18. italiano — Italian
19. lungo(*) — long
20. nero — black
21. nuovo — new
22. piccolo — small
23. pigro — lazy
24. pulito — clean
25. rosso — red
26. scomodo — uncomfortable
27. scontento — dissatisfied
28. sgarbato — ill-mannered
29. sporco(*) — dirty
30. studioso — studious
31. vecchio — old

(*) NOTE: Nouns and adjectives ending in co and go form the plural by dropping o and adding hi. Ex. bianco—bianchi; lungo—lunghi. The feminine is formed by dropping a and adding he. Example: bianca—bianche; lunga—lunghe.

Some Important Adjectives in "e"

1. cortese — courteous
2. differente — different
3. difficile — difficult
4. dolce — sweet
5. elegante — elegant, stylish
6. facile — easy
7. felice — happy
8. francese — French

9. gentile — gentle, kind
10. giovane — young
11. grande — big

12. inglese — English
13. intelligente — intelligent
14. scortese — discourteous

EXERCISES

I—*Change to the plural*:

1. il libro piccolo
2. la matita verde
3. una sedia scomoda
4. un tavolino vecchio
5. il ragazzo gentile

6. una signorina elegante
7. il maestro contento
8. la riga lunga
9. il pavimento sporco
10. la signorina inglese

II—*Change to the singular*:

1. gli alunni intelligenti
2. le alunne studiose
3. le lezioni facili
4. delle parole difficili
5. i panini freddi

6. i ragazzi pigri
7. i compiti lunghi
8. le carte bianche
9. le signore giovani
10. delle cose differenti

III—*Add the correct ending to the adjectives*:

1. Ecco una ragazza felice........ 2. Giovanni impara le parole nuov........ 3. Egli compra una casa comod........ 4. Ecco il ragazzo e la ragazza studios........ 5. Essi prendono il gesso bianc........ 6. Io amo i cugini american........ 7. Ecco le righe lung........ 8. Noi salutiamo le ragazze intelligent........ 9. Noi leggiamo i libri italian........ 10. Essi mangiano la carne cald........

VII—Present of *Avere* and *Essere*

AVERE — TO HAVE

I have a book, etc.

io ho un libro
tu hai un libro
egli ha un libro

noi abbiamo un libro
voi avete un libro
essi hanno un libro

ESSERE — TO BE

I am in the class room, etc.

io sono nella classe
tu sei nella classe
egli è nella classe

noi siamo nella classe
voi siete nella classe
essi sono nella classe

Avere and *essere* are irregular verbs. They are called irregular because they are not conjugated like the model verb of the second conjugation.

I—*Change to the plural*:

1. Io ho un libro nuovo.
2. Egli non è cattivo.
3. È intelligente essa?
4. Non ha Lei la penna?
5. Essa non ha la matita.
6. Io sono un ragazzo americano.
7. Che cosa ha la signorina?
8. Dove è il quaderno?
9. È Lei il maestro italiano?
10. Sei tu un alunno studioso?

II—*Change to the singular*:

1. Loro sono molto gentili.
2. Noi abbiamo la carta.
3. Non sono esse americane?
4. Siete voi sempre cortesi?
5. Essi sono intelligenti.
6. Che cosa avete voi?
7. Essi sono scortesi.
8. Le alunne hanno i libri.
9. Le lezioni sono facili.
10. Noi non siamo pigri.

III—*Translate the English verbs in italics into Italian*:

1. Giulia e Maria *are* nella classe. 2. Il nonno *has* un cappello nuovo. 3. Gli alunni *have* dei libri italiani. 4. Carlo ed io *are* buoni amici. 5. Anche tu e Carlo *are* buoni amici. 6. Voi, ragazzi, *have* dei maestri molto buoni. 7. Questa ragazza *is not* italiana. 8. Giuseppe, perchè *haven't you* il compito? 9. Noi *have* delle matite rosse. 10. *Haven't I* l'orologio nuovo? 11. Maria, dove *are you* adesso? 2. Questi verbi *are not* difficili.

IX—The Contractions

The prepositions *a, da, in, di,* and *su* when followed by the definite article contract with it, and the following contractions result:

to the	from the, by the	in the	of the	on the
al	dal(*)	nel	del (**)	sul
alla	dalla	nella	della	sulla
all'	dall'	nell'	dell'	sull'
allo	dallo	nello	dello	sullo
ai	dai	nei	dei	sui
alle	dalle	nelle	delle	sulle
agli	dagli	negli	degli	sugli

A. The contractions are used in exactly the same manner as the articles.

Examples: *al ragazzo, agli zii, allo studente, all'America,* etc.

B. The preposition *con* usually contracts only with *il* and *i,* giving *col* and *coi.*

Examples: *col ragazzo, coi ragazzi.*
but *con lo zio, con gli studenti, con l'amica,* etc.

C. The preposition *per* usually does not contract with the article.
Examples: *per il ragazzo, per la zia, per le signorine,* etc.

(*) The contractions *dal, dalla* etc. also mean: *at* or *to somebody's.*

Examples: *dallo zio—at uncle's.*
dalla nonna—at grandmother's.

(**) The contractions *del, della* etc. also mean *some,* and are therefore used as the partitive articles.

Examples: *Io bevo dell'acqua—I drink some water.*
Egli mangia del pane—He eats some bread.

The contractions *del, della,* etc. are also used to denote possession.

Examples: *Il libro del ragazzo—the boy's book.*
Le righe delle ragazze—the girls' rulers.

EXERCISES

I—*Change to the plural:*

1. Io scrivo con la penna. 2. Egli parla dello zio. 3. Il libro è sul banco. 4. Egli cammina col figlio. Tu scrivi sulla lavagna. 6. La penna è nel cassetto. 7. Essa scrive all'amica. 8. La maestra parla all'alunno. 9. Io ricevo un regalo dalla nonna. 10. Ecco i libri dello studente.

II—*Change to the singular:*

1. Esse guardano negli specchi. 2. Egli cammina con gli amici. 3. I libri sono negli armadi. 4. Essa parla delle amiche. 5. Noi scriviamo ai cugini. 6. Questi sono i libri degli studenti. 7. Questi fiori sono per gli zii. 8. Le penne sono sulle sedie. 9. Io ricevo delle lettere dai cugini. 10. Egli mangia delle pere.

III—*Translate the words in italics into Italian:*

1. Il gesso è *in the* cassetto. 2. Voi parlate *with the* studenti.
3. Il piatto è *on the* tavola. 4. Questi fiori sono *for the* amica.
5. Ho ricevuto una lettera *from the* zio. 6. Egli ha bevuto *some*
latte. 7. Maria ha scritto *to the* amiche. 8. Cercate le parole *in the*
vocabolario. 9. Carlo riceve *some* zeri. 10. Questo è un regalo
from the nonna. 11. I quaderni sono *on the* scaffali. 12. Noi andiamo *to the aunts'*. 13. Il caffè è *in the* tazze. 14. Antonio scrive
with the penna. 15. Noi mangiamo *some* ciliege. 16. Questi sono
the boy's books. 17. Il nonno beve *some acqua*. 18. Noi mettiamo
la carta *on the* scrivania. 19. Oggi noi pranziamo *at grandmother's*.
20. Noi mastichiamo *with the* denti.

X—Numbers and Dates

Cardinal numbers are those used in simple counting: one, two,
three, etc. Ordinal numbers are those that show the order of suc-
cession in a series: first, second, third, etc.

CARDINAL NUMBERS

1 - un, uno, una	8 - otto	15 - quindici	22 - ventidue
2 - due	9 - nove	16 - sedici	23 - ventitrè
3 - tre	10 - dieci	17 - diciassette	24 - ventiquattro
4 - quattro	11 - undici	18 - diciotto	30 - trenta
5 - cinque	12 - dodici	19 - diciannove	31 - trentuno
6 - sei	13 - tredici	20 - venti	32 - trentadue
7 - sette	14 - quattordici	21 - ventuno	33 - trentatrè

40 - quaranta	90 - novanta
41 - quarantuno	100 - cento
46 - quarantasei	101 - cento uno
48 - quarantotto	102 - cento due
50 - cinquanta	103 - cento tre
51 - cinquantuno	120 - cento venti
60 - sessanta	190 - cento novanta
70 - settanta	193 - cento novantatrè
80 - ottanta	200 - duecento

201 - duecento uno	1100 - mille e cento
300 - trecento	1101 - mille cento uno
600 - seicento	2000 - duemila
999 - novecento novantanove	3000 - tremila
1000 - mille	10000 - diecimila
1001 - mille e uno	100000 - centomila
1010 - mille e dieci	1000000 - un milione

ORDINAL NUMBERS

1st - primo, prima	6th - sesto	11th - undicesimo
2nd- secondo, seconda	7th - settimo	12th - dodicesimo
3rd - terzo	8th - ottavo	13th - tredicesimo
4th - quarto	9th - nono	20th - ventesimo
5th - quinto	10th - decimo	23rd - ventitreesimo

NOTE: From 11th on, the ordinal numbers are formed by dropping the last vowel of the ordinal number and adding *esimo*. Numbers ending in *trè*, however, drop only the accent, but retain the *e*. Ex.: *ventitreesimo*.

EXERCISES

I—Count in Italian by: a)—tens   c)—fours
                         b)—fives   d)—threes

II—Beginning with 2, 3, 4, etc. count up to 100 by leaps of 5 and 10

III—Read the following numbers in Italian:

125	460	3949	10937
98	2754	87490	3587460
1940	117	214	87655
892	1111	22555	654907831
88th	74th	103rd	256th
43rd	92nd	111th	1000th

VI—*Add in Italian*:

6	più	10	fanno........		7	più	8	fanno........
12	"	6	"	....	13	"	9	"	....
14	"	350	"	....	45	"	14	"	....
90	"	9	"	....	8	"	17	"	....
46	"	136	"	....	100	"	820	"	....

V—*Subtract in Italian:*

19 meno 11 resta........	55 meno 30 resta........
67 " 14 "	17 " 11 " ....
9 " 7 "	88 " 1 " ....
94 " 31 "	66 " 44 " ....
56 " 13 "	225 " 125 " ....

VI—*Multiply in Italian:*

5 per 8........	100 per 100........	9 per 4........
4 " 3........	6 " 6........	150 " 10........
11 " 6........	10 " 7........	1000 " 100........
20 " 5........		

DATES

In Italian we use cardinal numbers for dates instead of ordinal numbers as in English. Exception: *first* which is translated by *primo*.

Question: *What is to-day's date? — Qual'è la data di oggi?*
or *Quanti ne abbiamo oggi?*

Answer: *To-day is the 8th of April — Oggi è l'otto aprile.*
or *Today is the 8th — or Oggi ne abbiamo otto*

Notice the following:

The first of May	il primo maggio
The seventh of July	il sette luglio
On the tenth of March	il dieci marzo

Have you noticed the omission of the words *on* and *of*?
Say in Italian:

To-day is April 21st — On the 6th of December — On the first of April — The 22nd of September — On the 30th of May — The 20th of July — January the 17th —On February first.

XI—The Past Indefinite (*Passato Prossimo*)

The past indefinite is used to indicate an action that has taken place recently or within a period of time not yet completed, as: to-day, this week, this month, this year.

The past indefinite of any verb is formed by using the present of *avere* — (a few verbs take *essere* — see lesson on *Verbs with essere*) and the past participle of the verb.

The past participle of any verb is formed as follows:

A. First conjugation: drop *are* and add *ato*. Ex.: compr*are*, compr*ato*

B. Second conjugation: drop *ere* and add *uto*. Ex.: vend*ere* — vend*uto*

C. Third conjugation: drop *ire* and add *ito*. Ex.: fin*ire* — fin*ito*.

Passato Prossimo of COMPRARE

I bought, I have bought a book, etc.

io ho comprato un libro	noi abbiamo comprato un libro
tu hai comprato un libro	voi avete comprato un libro
egli ha comprato un libro	essi hanno comprato un libro

Passato Prossimo of VENDERE

I sold, I have sold the house, etc.

io ho venduto la casa	noi abbiamo venduto la casa
tu hai venduto la casa	voi avete venduto la casa
egli ha venduto la casa	essi hanno venduto la casa

Passato Prossimo of FINIRE(*)

I finished, I have finished the homework, etc.

io ho finito il compito	noi abbiamo finito il compito
tu hai finito il compito	voi avete finito il compito
egli ha finito il compito	essi hanno finito il compito

(*) NOTE: In the formation of the past participle it doesn't matter whether a verb is an *isco verb* or not.

PASSATO PROSSIMO OF SOME IMPORTANT
IRREGULAR VERBS

1. accendere	to light	io ho acceso
2. bere	to drink	io ho bevuto
3. aprire	to open	io ho aperto
4. chiudere	to close	io ho chiuso
5. coprire	to cover	io ho coperto
6. dire	to say, to tell	io ho detto
7. dividere	to divide	io ho diviso
8. fare	to do, to make	io ho fatto
9. leggere	to read	io ho letto
10. mettere	to put	io ho messo
11. offrire	to offer	io ho offerto
12. prendere	to take	io ho preso
13. rendere	to give back	io ho reso
14. rispondere	to answer	io ho risposto
15. scrivere	to write	io ho scritto
16. spegnere	to put out (the light)	io ho spento
17. spendere	to spend	io ho speso
18. vedere	to see	io ho visto

EXERCISES

I—*Change the verb and its subject to the plural*:

1. Egli ha perduto i libri. 2. La ragazza ha finito la lezione.
3. Dove ho messo la penna? 4. Tu hai acceso la lampada. 5. Io
non ho dormito bene. 6. Il ragazzo ha detto la verità.

II—*Change the verb and its subject to the singular*:

1. Noi abbiamo spento la luce. 2. Loro non hanno letto questi
libri. 3. Le signorine hanno capito la lezione. 4. Noi abbiamo
bevuto il latte. 5. Perchè non avete coperto i libri?

III—*Change the verb to the Passato Prossimo*:

Example: *Egli parla al maestro — Egli ha parlato al maestro*

1. Carlo impara bene la lezione. 2. Essi ascoltano attentamente.
3. Io spedisco i libri a Giorgio. 4. Noi obbediamo sempre i ge-

nitori. 5. Maria e Lucia ripetono le parole. 6. Il maestro punisce i ragazzi cattivi. 7. La signorina canta molto bene. 8. Giovanni pulisce le scarpe del babbo. 9. Noi studiamo due ore al giorno. 10. Egli chiude tutte le finestre.

IV—*Replace the infinitive by the proper form of the Passato Prossimo:*

1. (offrire) Io ——— dei fiori alla mamma. 2. (aprire) I ragazzi ——— i quaderni. 3. (suonare) Roberto ——— il violino molto bene. 4. (dividere) Noi ——— la mela in quattro parti. 5. (spedire) Il signor Bruno ——— il pacco all'amico. 6. (fare) Che cosa ——— tutto il giorno, Maria? 7. (dire) Maria e Lucia ——— tutto al babbo. 8. (leggere) Carlo ed io ——— questi libri. 9. (mandare) Perchè non ——— la lettera alla zia, Giovanni? 10. (domandare) Il maestro ——— ai ragazzi. 11. (rispondere) Oggi egli ——— molto bene. 12. (studiare) ——— voi, ragazzi? 13. (capire) Due ragazzi non ——— questa lezione. 14. (ricevere) Questo mese noi ——— cinque lettere. 15. (rendere) Essi——— i libri al ragazzo.

XII—The Future Tense (*Il Futuro*)

The future of all regular first and second conjugation verbs is formed by dropping *are* and *ere* and adding the following endings:

erò,   erai,   erà,   eremo,   erete,   eranno

The endings of the future of the third conjugation are:

irò,   irai,   irà,   iremo,   irete,   iranno

Futuro of COMPRARE

I shall, will buy the pen
io comprerò la penna
tu comprerai la penna
egli comprerà la penna
noi compreremo la penna
voi comprerete la penna
essi compreranno la penna

Futuro of VENDERE

I shall, will sell the house
io venderò la casa
tu venderai la casa
egli venderà la casa
noi venderemo la casa
voi venderete la casa
essi venderanno la casa

Futuro of FINIRE

I shall, will finish the lesson, etc.

io finirò la lezione   noi finiremo la lezione
tu finirai la lezione   voi finirete la lezione
egli finirà la lezione   essi finiranno la lezione

THE FUTURE OF SOME IMPORTANT IRREGULAR VERBS

1.	andare	to go	io andrò, tu andrai
2.	avere	to have	io avrò
3.	bere	to drink	io berrò
4.	cominciare	to begin	io comincerò(*)
5.	essere	to be	io sarò
6.	fare	to do, to make	io farò
7.	mangiare	to eat	io mangerò(*)
8.	sapere	to know	io saprò
9.	vedere	to see	io vedrò
10.	venire	to come	io verrò
11.	dare	to give	io darò
12.	dire	to tell, to say	io dirò

(*) NOTE: Verbs ending in *ciare* and *giare* drop *iare* before adding the endings of the future.

EXERCISES

I—*Change to the plural:*

1. Egli parlerà al maestro.
2. Tu berrai il latte.
3. Lei andrà in Italia.
4. Io incontrerò la zia.
5. Essa ripeterà le parole.
6. Egli leggerà il libro.

II—*Change to the singular:*

1. Esse sapranno la poesia.
2. Noi vedremo le fotografie.
3. Essi saranno qui presto.
4. Voi canterete la canzone.
5. Cominceranno subito Loro?
6. Essi non capiranno niente.

III—*Change the verbs in italics to the future.*

1. Egli *balla* con Elisa.
2. Io non *vedo* nulla.
3. *Impari* tu la lezione?
4. Noi *mangiamo* molto.
5. *Hai finito* il compito?
6. Che cosa *ha fatto* egli oggi?
7. Le ragazze non *ripetono* le parole.
8. I bambini *bevono* molto latte.

IV—*Replace the infinitive by the correct form of the future:*

1. (obbedire) Salvatore ——— sempre i genitori. 2. (disturbare) Il bambino ——— il babbo. 3. (chiudere) Il signor Bartolotta ——— il cassetto. 4. (vedere) Voi ——— tutto. 5. (bere) La signorina Crimi ——— un bicchiere di latte. 6. (spedire) Esse ——— le cartoline agli amici. 7. (ballare) Egli e Silvia ——— insieme. 8. (mangiare) Il signor Saraceno non ——— tutta la carne. 9. (capire) Tu e Giulia ——— tutto. 10. (offrire) Mario ed io ——— dei dolci alle signorine.

V—*Translate the English verbs into Italian:*

1. Questa sera noi *shall sleep* molto bene. 2. Voi *will study* la lezione d'italiano. 3. *Will you defend* questo ragazzo, Giacomo? 4. Essi *will do* questo lavoro con piacere. 5. A che ora *will begin* la lezione? 6. Dove *will you go* l'anno venturo, signorina? 7. Giorgio ed io *shall be* là alle otto. 8. Le ragazze *will come* insieme. 9. *I shall learn* tutta la poesia. 10. Che cosa *will you answer* all'amico, signor Licù? 11. Quando *I shall have* molto denaro *I shall go* in Italia. 12. Noi *shall repeat* le parole ad alta voce. 13. Domani *we shall give* dei fiori a Maria. 14. Che cosa *will he tell* al maestro?

XIII—Verbs in *'Care'* and *'Gare'*

Verbs ending in *care* and *gare* are peculiar verbs. When the *are* is dropped they take an *h* after *c* or *g* if the new ending is or begins with *e* or *i*. This occurs in the second person singular and first person plural of the present, and in the whole future.

Presente of GIOCARE (to play)

io gioco	noi gio*chi*amo
tu gio*chi*	voi giocate
egli gioca	essi giocano

Futuro of GIOCARE

io giocherò	noi giocheremo
tu giocherai	voi giocherete
egli giocherà	essi giocheranno

Presente of PAGARE (to pay)

io pago	noi pa*ghiamo*
tu pa*ghi*	voi pagate
egli paga	essi pagano

Futuro of PAGARE

io pagherò	noi pagheremo
tu pagherai	voi pagherete
egli pagherà	essi pagheranno

SOME IMPORTANT VERBS ENDING IN *CARE* AND *GARE*

cercare — to look for
dimenticare — to forget
masticare — to chew
moltiplicare — to multiply
toccare — to touch

asciugare — to dry
pregare — to pray
spiegare — to explain
piegare — to fold, to bend

EXERCISES

I—*Change to the plural*:

1. Lei piega il foglio.
2. Io cerco la penna.
3. Tu dimentichi le parole.
4. Essa prega ogni sera.
5. Egli moltiplica i numeri.
6. Io mastico coi denti.

II—*Change to the singular*:

1. Noi asciughiamo i piatti.
2. I maestri spiegano le lezioni.
3. Esse dimenticano.
4. Voi moltiplicate rapidamente.
5. Voi masticate il cibo.
6. I bambini toccano tutto.

III—*Change the verbs in Exercises I and II to the future.*

IV—*Replace the infinitive by the present, by the future and by the passato prossimo*:

Example: *Carlo paga sempre; Carlo pagherà sempre; Carlo ha pagato sempre.*

1.(giocare) Carlo ——— sempre con Giuseppe. 2. (piegare) I ragazzi buoni non ——— le pagine. 3. (spiegare) — La maestra ——— le parole difficili. 4. (toccare) Noi non ——— mai le cose del babbo. 5. (cercare) Che cosa ——— nei cassetti, ragazzi? 6. (pagare) Quanto ——— tu questo libro? 7. (dimenticare) Io non ——— la poesia.

XIV—Expressions of Time

1. What time is it?	Che ora è?
2. It is one o'clock	È l'una
3. It is two o'clock	Sono le due
4. It is ten o'clock	Sono le dieci
5. It is half past one	È l'una e mezzo
6. It is half past five	Sono le cinque e mezzo
7. It is a quarter past one	È l'una e un quarto
8. It is a quarter past six	Sono le sei e un quarto
9. It is a quarter to one	È l'una meno un quarto
10. It is a quarter to six	Sono le sei meno un quarto
11. It is ten minutes past one	È l'una e dieci
12. It is ten minutes to seven	Sono le sette meno dieci
13. It is noon	È mezzogiorno
14. It is midnight	È mezzanotte
15. My watch is fast	Il mio orologio va avanti
16. My watch is slow	Il mio orologio va indietro

NOTES: When telling time in Italian the whole hour is mentioned first, *o'clock* is *not* translated into Italian.

To indicate *half past* the hour the words *e mezzo* are added to the hour. A *quarter past* the hour is indicated by adding *e un quarto* to the hour. A *quarter to* is indicated by *meno un quarto*. The number of minutes *after* the hour is added to the hour using the word *e*, and the number of minutes *to the hour* is indicated by using the word *meno*.

EXERCISE

Translate the following into Italian:

1. It is three o'clock. 2. It is ten minutes to three. 3. It is a quarter to eleven. 4. It is noon. 5. It is twelve o'clock. 6. It is a quarter to twelve. 7. It is three minutes after eleven. 8. It is ten minutes to seven. 9. It is a quarter past three. 10. It is nine fifteen. 11. It is five twenty. 12. It is one thirty. 13. It is two minutes to two. 14. It is nine minutes past nine. 15 It is seventeen minutes to eight. 16. This watch is slow. 17. John's watch is fast. 18. It is not midnight. 19. It is six minutes to one. 20. It is a quarter after seven.

XV—Verbs with *Essere*

Passato Prossimo of ANDARE

  I went, I have gone to school

io sono andato (*a*) a scuola	noi siamo andati (*e*) a scuola
tu sei andato (*a*) a scuola	voi siete andati (*e*) a scuola
Lei è andato (*a*) a scuola	Loro sono andati (*e*) a scuola
egli è andato a scuola	essi sono andati a scuola
essa è andata a scuola	esse sono andate a scuola

NOTICE that the past participle of verbs conjugated with *Essere* agrees with the subject in gender and number.

SOME IMPORTANT VERBS CONJUGATED WITH ESSERE

Infinitive	Passato Prossimo
1. andare — to go	io sono andato
2. arrivare — to arrive	io sono arrivato
3. cadere — to fall	io sono caduto
4. entrare — to enter	io sono entrato
5. essere — to be	io sono stato
6. morire — to die	egli è morto
7. nascere — to be born	io sono nato
8. partire — to leave, to depart	io sono partito
9. rimanere — to remain	io sono rimasto
10. salire — to go up, to climb(*)	io sono salito
11. scendere — to go down(*)	io sono sceso
12. uscire — to go out	io sono uscito
13. venire — to come	io sono venuto
14. ritornare — to come back, to return	io sono ritornato

(*) NOTE: The verbs *salire* and *scendere* are conjugated with *avere* when followed by a *direct object*.

Example: *io ho salito* (or ho sceso) le scale in fretta
  but *io sono salito* (or sono sceso) in fretta

EXERCISES

I—*Change to the plural and translate:*

1. Egli è venuto con Carlo.
2. Io sono andato dalla zia.
3. La ragazza è rimasta in casa.
4. Dove sei stato tu?
5. È caduta, signorina?
6. Quando è partito lo zio?
7. Quando è partita la zia?
8. Io sono ritornato con Maria.

II—*Change to the singular:*

1. Esse sono nate in Italia. 2. Noi siamo arrivati presto.
3. Loro sono saliti lentamente. 4. Con chi siete usciti, ragazzi?
5. Esse sono venute con Silvia. 6. Gli studenti sono partiti alle sei.
7. I ragazzi sono saliti sugli alberi. 8. Dove siete andate, ragazze?

III—*Change the verbs to the Passato Prossimo:*

1. Lo zio Carlo *verrà* con la zia Caterina. 2. Il bambino *sale*
sulla sedia e *cade*. 3. Il signor Betti non è ammalato. 4. Francesca
e Luisa *verranno* insieme. 5. Carlo e Luisa *verranno* insieme.
6. Esse *scendono* sempre in fretta. 7. A che ora *partirai*, Nina?
8. Voi *arriverete* prima delle nove.

IV—*Replace the dash by the correct ending of the verb:*

1. Perchè non sono sces—— essi? 2. A che ora sono uscit——
Paolo e Carlo? 3. Perchè non è rimast—— anche Lei, signorina?
4. Maria e Giulia sono stat—— qui. 5. Luigi e le ragazze sono ar-
rivat—— pochi minuti fa. 6. Tutti sono salit—— al secondo piano.
7. Dove è andat—— la signorina Canini? 8. Mi chiamo Elvira;
io sono nat—— a New York. 9. La zia e lo zio sono entrat—— nella cucina. 10. Essi hanno salit—— le scale in mezzo minuto.
11. Noi siamo partit—— tutte insieme. 12. La bambina è cadut——
dal letto.

V—*Translate the verbs in italics into Italian:*

1. Giuseppina *went down* per comprare il pane. 2. Le due
sorelle *went* al cinematografo. 3. La signora *left* per l'Italia sulla Leonardo da Vinci. 4. Noi *have not been* ammalati. 5. A che
ora *arrived* la signorina Gioia? 6. Con chi *came* i ragazzi? 7. La

lettera *arrived* questa mattina.   8. Loro, signore, *have not entered* ancora nella sala da pranzo.   Perchè *have you come* così tardi, Giulia?   Dove *have you been?* 10. La nonna *remained* con noi una settimana.   11. *I was born* il 6 dicembre; anche essa *was born* il sei dicembre.   12. Due dei ragazzi *have fallen.*   13. Questo mese lo zio *went* in Italia.   14. Quest'anno la nonna di Carlo *died.*

I MESI — *the months*

1. gennaio — January
2. febbraio — February
3. marzo — March
4. aprile — April
5. maggio — May
6. giugno — June
7. luglio — July
8. agosto — August
9. settembre — September
10. ottobre — October
11. novembre — November
12. dicembre — December

LE STAGIONI — *the seasons*

1. la primavera — spring
2. l'estate (*f.*) — summer
3. l'autunno — autumn
4. l'inverno — winter

I GIORNI DELLA SETTIMANA — *the days of the week*

1. lunedì — Monday
2. martedì — Tuesday
3. mercoledì — Wednesday
4. giovedì — Thursday
5. venerdì — Friday
6. sabato — Saturday
7. domenica — Sunday

NOTE: All the days of the week are masculine, except *domenica.*

LA SCUOLA — *the school*

l'alunno — the pupil
il banco — the bench, the pupil's desk
il cestino — the waste paper basket
il calamaio — the inkwell
la carta — the paper
la carta sugante — the blotter
la carta geografica — the map
la cartella — the brief case
la cimosa — the board eraser
il direttore — the principal
la frase — the sentence
la fila — the row
il gesso — the chalk
la gomma — the eraser
l'inchiostro — the ink
la lavagna — the black board
il libro — the book
il maestro — the teacher
la matita — the pencil
la pagella — the report card

la pagina — the page
la parola — the word
la penna — the pen
la penna stilografica — the
    fountain pen

il quaderno — the note book
la riga — the ruler
la scrivania — the desk
lo studente — the student (*m.*)
la studentessa — the student (*f.*)

CLASS ROOM EXPRESSIONS

Come si chiama Lei? — What is your name?
Io mi chiamo Giovanni Bruno — My name is John Bruno
Si alzi — Get up (stand)
Vada alla lavagna — Go to the board
Cancelli la lavagna — Erase the board
Prenda il gesso — Take the chalk
Scriva la frase — Write the sentence
Trovi lo sbaglio — Find the error
Corregga lo sbaglio — Correct the error
Ritorni al suo posto — Go back to your place
Si segga — Sit down
Apra il libro — Open the book
Legga lentamente — Read slowly
Legga ad alta voce — Read aloud
Ripeta la parola — Repeat the word
Come si dice in italiano? — How do you say in Italian?
Come si traduce? — How do you translate?
Che significa? — What's the meaning of
Faccia la domanda — Ask the question
Risponda alla domanda — Answer the question
Chi sa la risposta? — Who knows the answer?
Alzi la mano — Raise your hand
Mi mostri il compito — Show me the home work
Faccia attenzione — Pay attention
Per piacere — Please
Scusi — Pardon me
Grazie — Thank you
Prego — Don't mention it

IDIOMATIC EXPRESSIONS

1. Ecco — here is, here are.
   Ecco il ragazzo; ecco i ragazzi — Here is the boy; here are the boys

2. La classe d'italiano — the Italian class
   Questa è la mia classe d'italiano — This is my Italian class

3. Il maestro d'italiano — the Italian teacher
   Il signor Barletta è il mio maestro d'italiano — Mr. Barletta is my Italian teacher

4. La lezione d'italiano — the Italian lesson
   La lezione d'italiano è facile — The Italian lesson is easy

5. Parlare italiano — to speak Italian
   Il babbo parla italiano — Dad speaks Italian

6. Imparare l'italiano — to learn Italian
   Noi impariamo l'italiano — We are learning Italian

7. a pagina — on page or to page
   La lezione è a pagina quindici — The lesson is on page fifteen

8. cercare di — to try to
   Egli cerca d'imparare molte parole nuove — He tries to learn many new words

9. tutti i giorni *or* ogni giorno — every day
   Io faccio il compito tutti i giorni—I do the homework every day

10. tre volte al giorno (alla settimana, etc.) — three times a day
    Noi mangiamo tre volte al giorno — We eat three times a day

11. fare attenzione — to pay attention
    Quando il maestro parla noi facciamo attenzione — When the teacher speaks we pay attention

12. in campagna — to the country *or* in the country
    Il babbo è andato in campagna — Dad went to the country

13. in casa — at home, in the house
    La mamma è rimasta in casa — Mother remained at home

14. a scuola — at school, in school
    Oggi Vincenzo è a scuola — Today Vincent is in school

15. di nuovo *or* un'altra volta — again
    Il maestro ha spiegato la lezione di nuovo — The teacher has explained the lesson again

16. in fretta — in a hurry
    Questo ragazzo fa tutto in fretta — This boy does everything in a hurry

17. mi piace — mi piacciono — I like
    Mi piace questo libro — Mi piacciono questi libri — I like this book — I like these books

18. prima di; dopo di — before; after
    Prima di scrivere io leggo; dopo di scrivere io mangio — Before writing I read; after writing I eat

19. più di; meno di — more than; less than
    Essa ha più di dieci libri, ma meno di sei quaderni — She has more than ten books, but less than six note books

20. Tutti e due (fem. tutte e due) — both
    Tutti e due i ragazzi hanno fatto il compito — Both boys have done the homework

21. Qualche volta — sometimes; ogni volta — every time
    Qualche volta Giovanni riceve un zero — Sometimes John gets a zero

22. Di buon'ora — early
    Io mi alzo di buon'ora ogni mattina — I get up early every morning

23. In ritardo — late
    Qualche volta Carlo arriva a scuola in ritardo — Sometimes Charles arrives at school late

24. A destra; a sinistra — on *or* to the right; on *or* to the left
    I libri sono sulla tavola a destra (a sinistra) — the books are on the table to the right (left)

25. A poco a poco — little by little
    A poco a poco noi impariamo l'italiano — Little by little we are learning Italian

26. D'inverno, d'estate, d'autunno — in winter, in summer, in the fall
    D'inverno fa freddo, d'estate fa caldo, d'autunno fa fresco.
    In winter it is cold, in summer it is warm, in the fall it is cool

27. In primavera — in the spring
    In primavera gli uccelli cantano — In the spring the birds sing

28. Il sabato, la domenica, etc. — on Saturday, on Sunday, etc.
    Il sabato e la domenica non andiamo a scuola — On Saturday and on Sunday we don't go to school

29. Il mese prossimo, la settimana prossima — next month, next week
    La settimana prossima noi andremo in campagna — Next week we shall go to the country

30. Il mese scorso, la settimana scorsa — last month, last week
    Lo zio arrivò la settimana scorsa—The uncle arrived last week

31. L'altro ieri — the day before yesterday
    L'altro ieri il babbo comprò una casa — The day before yesterday Dad bought a house

32. Dopo domani — the day after tomorrow
    Dopo domani andremo dalla zia — the day after tomorrow we shall go to the aunt's house

33. Due giorni fa, un mese fa, etc.—two days ago, a month ago, etc.
    La zia partì due giorni fa — The aunt left two days ago

34. Poco fa — a while ago
    Il treno è arrivato poco fa — The train arrived a while ago

35. Fra tre giorni, fra una settimana, etc. — in three days, in a week, etc.
    Fra un mese questo semestre finirà — In a month this term will end

36. Fra poco — in a little while
    Fra poco la campana suonerà — The bell will ring in a little while

37. Di mattina, di sera — in the morning, in the evening
    Di mattina vado a scuola, di sera faccio il compito — In the morning I go to school, in the evening I do the homework

38. A buon mercato — cheap
    Ho comprato questi libri a buon mercato — I bought these books cheap

39. A caro prezzo — dearly, at a high price
    Ho comprato questi libri a caro prezzo — I bought these books at a high price

40. Chiudere a chiave — to lock
    Egli ha chiuso la porta a chiave — He has locked the door

41. Vicino a — near
    La sedia è vicino alla scrivania — The chair is near the desk

42. Da ora in poi — from now on
    Da ora in poi noi studieremo molto — From now on we shall study a lot

43. Quanti anni hai? — How old are you?

44. Io ho sedici anni — I am sixteen years old

45. Che cosa hai? — What's the matter with you?

46. Non ho niente — Nothing is the matter with me

47. Apparecchiare la tavola — to set the table
    La mamma ha apparecchiato la tavola — Mother has set the table

48. Fare colazione — to have breakfast
    Egli fa colazione alle sette e mezzo — He has breakfast at seven thirty

49. Fare una domanda — to ask a question
    Io farò la domanda al maestro — I shall ask the teacher the question

50. Rispondere alla domanda — to answer the question
    Il maestro risponde alle domande degli alunni — The teacher answers the pupils' questions

51. Fa freddo; fa caldo; fa fresco — it is cold; it is hot (warm); it is cool
    Oggi fa freddo; farà caldo domani? — To-day it's cold; will it be warm tomorrow?

52. Fa bel tempo; fa cattivo tempo — the weather is fine, the weather is bad
In primavera fa bel tempo — In the spring the weather is fine

53. Piove; nevica — It is raining; it is snowing

54. Avere fame — to be hungry
Il ragazzo ha fame — The boy is hungry

55. Avere sete — to be thirsty
Noi abbiamo sete — We are thirsty

56. Avere caldo — to be warm
Il signor Belli ha caldo — Mr. Belli is warm

57. Avere freddo — to be cold
Maria ha sempre freddo! — Mary is always cold!

58. Avere ragione — to be right
Io dico che egli ha ragione — I say that he is right

59. Avere torto — to be wrong
Io sono sicuro che tu hai torto — I am sure you are wrong

60. Avere paura — to be afraid
Di che cosa avete paura? — What are you afraid of?

61. Avere vergogna — to be ashamed
Egli non ha studiato ed ora ha vergogna — He hasn't studied, and now he is ashamed

62. Avere sonno — to be sleepy
Alle dieci io ho sempre sonno — At ten o'clock I am always sleepy

63. Avere bisogno di — to need
Egli ha bisogno di una matita per scrivere — He needs a pencil in order to write

Venezia - Ponte dei Sospiri

SECOND YEAR

I—The Possessive Adjectives and Pronouns

The possessive adjectives and pronouns in Italian are:

A. *When the possessor is singular:*

my, mine	il mio	i miei	la mia	le mie
your, yours, (fam.)	il tuo	i tuoi	la tua	le tue
your, yours, (pol.)	il Suo	i Suoi	la Sua	le Sue
his, her, hers	il suo	i suoi	la sua	le sue

B. *When the possessor is plural:*

our, ours	il nostro	i nostri	la nostra	le nostre
your, yours (fam.)	il vostro	i vostri	la vostra	le vostre
your, yours (pol.)	il Loro	i Loro	la Loro	le Loro
their, theirs	il loro	i loro	la loro	le loro

NOTES

1. The possessive adjectives and pronouns always agree with the *thing possessed, not with the possessor.*

> Examples: Egli ha *il suo* libro; io ho *il mio*
> Essa ha *il suo* libro; tu hai *il tuo*

2. The possessive *adjectives* and *pronouns* are generally preceded by the definite article. (See examples above).

3. A possessive *adjective* is used WITHOUT the definite article when IMMEDIATELY followed by a noun indicating a member of the family or a relative.

However, when a noun indicating a member of the family or a relative is modified by an adjective, the definite article is required. Such nouns in the plural always require the definite article.

Examples: 1. Io amo *mia madre.* 2. *Nostro zio* è buono.
3. *Tuo cugino* arriverà domani.

BUT: 1. Ecco *il mio* caro fratello. 2. *Il nostro* buon zio è arrivato. 3. *Il mio* fratello minore è a scuola. 4. *La sua* sorellina ha quattro anni. (sorellina = piccola sorella)

4. The word "loro" (or "Loro") is invariable and is always preceded by the definite article, even when followed by a member of the family.
   Example: *La loro* zia è arrivata.

5. The words "babbo" and "mamma" are always preceded by the definite article. Examples:
   La mia mamma è molto buona — *Il nostro* babbo ci punirà

EXERCISES

I—*Change to the plural:*

1. la mia matita
2. la loro maestra
3. il Loro salotto
4. mio cognato
5. il nostro banco
6. la sua pipa e la mia
7. la tua classe e la sua
8. la vostra casa e la mia
9. il suo libro ed il nostro
10. tuo zio ed il mio
11. la nostra riga e la vostra
12. il loro babbo ed il nostro
13. il tuo calamaio ed il mio
14. vostra madre e la nostra
15. Sua sorella e la tua
16. la loro classe e la nostra
17. il suo dentifricio
18. la loro zia e la tua
19. la sua buona sorella
20. il vostro armadio ed il loro

II—*Change to the singular:*

1. i tuoi tovaglioli
2. i vostri divani ed i nostri
3. le mie carte e le Sue
4. i loro fiori
5. le Sue cognate
6. le sue tazze e le vostre
7. le vostre amiche e le nostre
8. i miei cugini ed i loro
9. i loro fratelli ed i tuoi
10. le vostre zie e le loro
11. le sue scarpe e le mie
12. le nostre care cugine
13. i suoi zii ed i tuoi
14. le tue amiche
15. i Suoi vestiti
16. le loro classi e le nostre
17. i miei maestri ed i suoi
18. i nostri parenti ed i loro
19. i suoi quaderni ed i miei
20. le Loro cravatte e le mie

III—*Replace the first dash by the proper form of "il mio" and the the second by the proper form of "il loro":*

1. ———— zii ed ————
2. ———— posto ed ————
3. ———— madre e ————
4. ———— lezioni e ————

5. ——— gatto ed ———	8. ——— forchette e———
6. ——— piatti ed ———	9. ——— cugina e ———
7. ——— finestra e ———	10. ——— letto ed ———

IV—*Repeat Exercise III by replacing:*

A. The first dash by the proper form of "il nostro" and the second by the proper form of "il tuo".

B. The first dash by the proper form of "il suo" and the second by the proper form of "il Loro".

C. The first dash by the proper form of "il vostro" and the second by the proper from of "il Suo".

V—*Translate the words in italics into Italian:*

1. Ecco *my* libri; dove sono *yours* (tu form)? 2. *His* penna è rossa; di che colore è *hers*? 3. Voi avete *your* quaderni, e noi abbiamo *ours*. 4. Essi amano *their* genitori e voi amate *yours*. 5. *Your* (tu form) amiche e *hers* sono molto belle. 6. *My* cugina, *his* zia e *her* padre sono arrivati. 7. Egli ha perduto *your* (Lei form) ed *my* libro. 8. Noi facciamo *our* compito; voi fate *yours*, ed essi fanno *theirs*. 9. *His* fratelli e (*his*) sorelle sono gentili. 10. *Your* (voi form) zia e *your* sorelle mangeranno con noi. 11. Noi andiamo a scuola con *our* amici e con (*our*) amiche. 12. *Their* libri sono puliti; sono puliti anche *yours* (voi form)? 13. Loro non hanno studiato *your* lezioni, signorine. 14. Carlo mangia *his* biscotti e Maria mangia *hers*. 15. Esse hanno *their* matite, io ho *mine*, ed egli ha *his*. 16. Ho invitato *your* (tu form) cognata, *her* sorella e *their* mamma. 17. Dove sono *your* guanti e *your* cappello, signor Politi? 18. *Our* casa e *yours* (tu form) sono grandi; *theirs* è piccola. 19. *My* quaderni e *my* penne sono nuovi, ma *my* libri sono vecchi. 20. *Your* (voi form) scarpe e *his* sono pulite; *hers* sono sporche. 21. *Their* genitori sono americani; *hers* sono francesi. 22. Sono questi *your* (tu form) libri? No, non sono *mine*. 23. *Your* (voi form) matite sono qui; dove sono *theirs*? 24. *Your* (tu form) amici e *mine* sono affettuosi. 25. *Her* padre e (*her*) madre hanno invitato *my* cugina.

II—The Direct Object Pronouns

1. The direct object pronouns answer the questions: *whom?* or *what?*

2. The direct object pronouns in Italian are:

mi	me	ci	us
ti	you (fam. sing.)	vi	you (fam. pl.)
La	you (pol. sing., masc. & fem.)	Li	you (pol. pl., masc.)
lo	him, it (masc.)	Le	you (pol. pl., fem.)
la	her, it (fem.)	li	them (masc.)
		le	them (fem.)

ne   (some) of it, (some) of them, any

3. The direct object pronouns are placed before the verb.
   Examples:
   Io vendo *la casa* — io *la* vendo. Tu porti *i libri* — Tu *li* porti.

4. The past participle of compound tenses agrees with the direct object pronoun, even though the auxiliary verb is *avere*.
   Examples:
   Io ho venduto *i libri* — Io *li* ho vendut*i*. Hai comprato *la casa*? L'hai compr*ata*?

EXERCISES

I—*Change to the plural*:

1. Carlo mi ha invitato.
2. Essa l'ha trovata.
3. Dove lo metterai?
4. Noi lo perderemo.
5. Io ti aiuterò.
6. Io non La vedo, signore.
7. Io non La vedo, signora.
8. Non ne volete, ragazzi?
9. L'abbiamo dimenticata!
10. Essa non ne mangia.
11. Io ti ho vista.
12. Essa non l'ha letto.

II—*Change to the singular*:

1. Le abbiamo vendute.
2. Essi non ne hanno portate.
3. Le porterete voi?
4. Li hanno comprati.
5. Egli non ci ha viste.
6. Non vi ho salutati?
7. Essi li hanno chiamati.
8. Noi li abbiamo chiusi.
9. Essi non ne vendono.
10. Perchè non ci invitate?
11. Signorine, Le saluto!
12. Esse le aprono subito.

III—*Replace the word "mi" by all the other direct object pronouns. Leave out "ne".*

1. Egli mi saluta sempre.
2. Essi mi inviteranno.
3. Carlo mi ha chiamato.

IV—*Rewrite the following sentences replacing the words in italics by direct pronouns:*

1. Ho incontrato *il ragazzo*.
2. Ho incontrato *le ragazze*.
3. Inviteremo anche *lo zio*.
4. Maria lava *i piatti*.
5. Hai rotto *dei bicchieri!*
6. Chi ha vinto *la corsa?*
7. Io mangerò *della carne*.
8. Hai perduto *la penna?*
9. Voi imparerete *la poesia*.
10. Lei ha finito *il compito*.
11. Dimenticherete *le parole?*
12. Ho studiato *le lezioni*.
13. Manderai *i fiori* a Teresa?
14. I bambini bevono *il latte*.
15. Essi bevono *del latte*.
16. Dove hai portato *le sedie?*
17. Egli apre *la finestra*.
18. Egli ha aperto *la finestra*.
19. Dove hai comprato *i guanti?*
20. Essa studierà *la lezione*.
21. Hai dimenticato *l'indirizzo?*
22. Noi canteremo *la canzone*.
23. Hai salutato *le signorine?*
24. Volete *delle ciliege?*
25. Insegno *l'italiano* ai ragazzi.
26. Avete letto *delle poesie*.
27. Essa conta *i fogli di carta*.
28. Regalerò *dei libri* a Nino.
29. Hanno visto *le fotografie*.
30. Hanno visto *dei quadri?*

V—*Translate the words in italics into Italian. Rewrite the sentences, making whatever changes may be necessary.*

1. Essa ha comprato *it* (il libro). 2. Esse hanno visto *us* (fem.) 3. Chi vedrà *you*, Giovanni? 4. Chi vedrà *you*, signorina? 5. Chi vedrà *you*, signor Parlapoco? 6. Hai trovato *any* (libri)? 7. Luisa ha invitato *you*, ragazzi. 8. Luisa ha invitato *you*, Signorine. 9. Luisa ha invitato *you*, signori. 10 Egli non troverà *me*. 11. Io ho comprato *them* (i fiori). 12. Io ho comprato *some of them*. 13. Voi imparerete *them* (le parole). 14. Tutti mangiano *it* (la carne). 15. Giulio, però, non mangia *any of it*. 16. Dove hai messo *it* (la penna)? 17. Chi ha trovato *them* (le matite)? 18. Egli ha salutato *you*, Emilia. 19. Perchè non saluti *him*? 20. Io non voglio *any of it*. 21. Chi vuole fare *it* (il compito)? 22. Signora, mia madre chiama *you*. 23. Egli parla *of them* spesso. 24. Essi incon-

treranno *us* stasera. 25. Abbiamo incontrato *them* (gli amici) poco fa.

III—The Indirect Object Pronouns

1. The indirect object pronouns answer the question *"to whom?"*

2. The indirect object pronouns in Italian are:

mi	to me	ci	to us
ti	to you (fam. sing.)	vi	to you (fam. pl.)
Le	to you (pol. sing.)	Loro	to you (pol. pl.)
gli	to him	loro	to them
le	to her		

3. The indirect object pronouns are placed before the verb, except *loro* (or *Loro*) which always follows the verb.

> Examples: Io parlo *a Carlo* — Io *gli* parlo.
> Io parlo *alla ragazza* — Io *le* parlo.
> But Io parlo *ai ragazzi* — Io parlo *loro*.

4. The past participle of compound tenses DOES NOT AGREE with the indirect object pronouns.
Example: Essi *ci* hanno portato i libri.

EXERCISES

I—Change the indirect object pronouns to the plural:

1. Io gli parlerò.
2. Perchè non mi dai questo?
3. Che cosa le avete dato?
4. Egli Le insegnerà la poesia.
5. Gli hanno dato il libro?
6. Chi ti darà tanto denaro?
7. Le scriverà una lettera.
8. Essa mi diceva tutto.
9. Che cosa Le ho dato, signore?
10. Noi gli scriveremo subito.
11. Ti manderemo dei fiori, zia.
12. Le venderò il mio libro.

II—Change the indirect object pronouns to the singular:

1. Manderemo Loro il quadro. 2. Perchè non ci hanno parlato? 3. Vi manderò le fotografie. 4. Ho venduto loro (masc.)

tutto.   5. Egli ci porterà i dolci.   6. Mostreremo Loro il giardino.
7. Essa non vi darà il denaro.   8. Non avete scritto loro (fem.)?
9. Non ci avete spedito il pacco?   10. Darò Loro dei fiori, signorine.
11. Io vi dirò la verità.   12. Egli scriverà loro (masc.).

III—*Replace the word "mi" by all the other indirect object pronouns*:

1. Essi mi daranno un dollaro.   3. Essa mi scriveva spesso.
2. Carlo mi ha mandato dei fiori.

IV—*Replace the words in italics by the appropriate pronouns*:

1. Hai portato il libro *a Giorgio?*   2. Abbiamo venduto la casa
al signor Politi.   3. Egli manderà questi fiori *alla signorina Cirrone.*   4. Daremo i libri *alle ragazze.*   5. Daremo i libri *ai ragazzi.*
6. Il latte piace *al bambino.*   7. Manderò questa lettera *alla signorina Bellini.*   8. Non ho ancora parlato *al direttore.*   9. Noi spediamo la lettera *al babbo.*   10. Ieri mandammo un pacco *ai nostri cugini.*   11. La sarta ha fatto un abito *alla mamma.*   12. Insegnerò questa canzone *alle signorine.*   13. Noi diremo questo *ai ragazzi.*
14. Darò questo libro *al signor Linguacorta.*   15. Essi hanno scritto *a me.*   16. Io dirò tutto *a Lei, signorina...*   17. Noi non daremo questo *a voi.*   18. Hanno spedito i pacchi *ai parenti.*   19. Essi hanno parlato di questo *a noi.*   20. Il signor Giusti venderà la casa *a te.*
21. Hai parlato *a quelle ragazze?*   22. Spedirò subito il vaglia *a Totò.*
23. Date i nostri saluti *a Carmela e a Paolina.*   24. Avete insegnato questa poesia *a Vincenzino?*   25. Avete detto *agli amici* di venire presto?

V—*Rewrite the sentences replacing the words in italics by indirect object pronouns*:

1. Hanno mandato il regalo *to me.*   2. Manderò il libro *to you,* signorina.   3. Manderò i libri *to you,* ragazzi.   4. Porterete i dolci *to us?*   5. Venderò i guanti *to you,* signor Bruno.   6. Il maestro non ha parlato *to you,* Maria.   7. Il maestro non ha parlato *to you,* ragazze.   8. Il maestro non ha parlato *to you,* Signorine.   9. Ho dato il libro *to John.*   10. Giuseppe ha dato i denari *to us.*   11. Egli ha venduto la bicicletta *to me.*   12. Egli porterà il compito *to you,* signorina Toscano.   15. Abbiamo mostrato i quadri *to them.*

14. Essa ha detto tutto *to him.*   15. Porteremo gli oggetti *to them* (fem.)   16. Noi leggiamo la poesia *to her.*   17. Io parlo *to you,* care signorine!   18. Non venderò questo quadro *to him.*   19. Perchè non date del caffè *to them* (masc.)?   20. La mamma ha spedito il pacco *to her.*   21. Avete detto questo *to Charles and Mary?*   22. Non parlate di queste cose *to me.*   23. Perchè non avete scritto *to us?*   24. Ho insegnato le parole nuove *to the child.*   25. Ho insegnato le parole nuove *to the children.*

IV—The Disjunctive Pronouns

The disjunctive pronouns in Italian are:

me	me	noi	us
te	you (fam. sing.)	voi	you (fam. pl.)
Lei	you (pol. sing.)	Loro	you (pol. pl.)
lui	him	loro	them (masc. & fem.)
lei	her	essi	them (masc.)
esso	it (masc.)	esse	them (fem.)
essa	it (fem.)		

sè   himself, herself, itself, themselves

NOTES: The forms *lui, lei, loro* are used to refer to persons; the forms *esso, essa, essi, esse* may refer to persons, but are usually used to refer to objects or animals.

The disjunctive pronouns are used:

   a) After prepositions (a, da, con, su, per, in, etc.)
      Examples: Egli parla *con me.* — Egli fa questo *per lei.*
   b) For emphasis (after the verb).
      Examples: Può andare *lui* — inviteremo *lui,* non *lei.*
   c) In exclamations.
      Example: Felice *te!*

EXERCISES

I—*Replace the word "me" by all the other disjunctive pronouns.*
   (*Leave out "sè".*)

1. Egli verrà con me.
2. Essa non ha parlato di me.
3. Carlo ha fatto questo per me.
4. Fortunato me!

II—*Change the disjunctive pronouns to the plural:*

1. Egli viene con me.
2. Ho fatto questo per lui.
3. Ho ricevuto la lettera da lei.
4. Essa inviterà anche te.
5. Verrò anch'io con lui.

6. Marianna scrive con essa.
7. Ecco dei fiori per Lei!
8. Camminate con lui!
9. Egli ama me, non lei.
10. Non parlate di lui!

III—*Change the entire sentence to the singular:*

1. Essi verranno da sè. 2. Andrete con loro anche voi? 3. Abbiamo mandato il pacco a loro. 4. Esse hanno fiducia in voi. 5. Diremo tutto a Loro. 6. Essi inviteranno noi e voi. 7. Verranno anche loro (masc.) 8. Essi partiranno con voi. 9. Esse parlano sempre di loro (fem.) 10. Voi riceverete tutto da noi.

IV—*Replace the words in italics by disjunctive pronouns:*

1. Egli cammina con *la zia.* 2. Noi abbiamo scritto *a Giacomo.* 3. Essi parlano sempre *degli amici.* 4. Giuseppina scrive con *la penna.* 5. Antonio parla *al suo cane.* 6. Io ho bisogno di *questi ragazzi.* 7. Io ho bisogno di *questi libri.* 8. Noi inviteremo *Giulio e Gilda.* 9. Siete venuti anche voi con *le ragazze?* 10. Ho ricevuto i libri *dal signor Ragusa.* 11. Tu porterai la lettera *alla signora Grassotti.* 12. Egli ha bisogno *degli occhiali* per leggere.

V—*Translate the words in italics into Italian:*

1. Essi studieranno con *us.* 2. Beati *them!* 3. Farò questo per *you,* signori. 4. Farò questo per *you,* signore (pl.). 5. Felice *you* (fam. and pol.)! 6. Ecco un regalo per *her!* 7. Chi è venuto con *you,* Alice? 8. Chi è venuto con *you,* signorina Campione? 9. Noi facciamo questo da *us* (ourselves). 10. Camminava con *it* (il cane). 11. Essa fa ogni cosa da *her* (herself). 12. Vi prego di non parlare di *me.* 13. Ho sentito questa cosa da *him.* 14. Il maestra parla a *you,* Carlo, e a *her.* 15. Avete fatto tutto questo per *us?* 16. Io camminavo con *her.* 17. La responsabilità cadrà su di *you,* ragazzi. 18. Egli taglia la carne con *it* (il coltello). 19. Questi fiori sono per *me,* non per *you,* Teresina bella! 20. Andiamo con

him, non con *her.* 21. Manderò tutto a *you* (fam. pl.). 22. Chi di *you,* signorine, non ha fatto il compito? 23. Il signor De Gennaro vuole venire con *me.*

V—Demonstrative Adjectives and Pronouns

1. The words *questo, questa, questi,* and *queste* (this, these) are used both as adjectives and as pronouns.

   Examples: *Questo* libro è nuovo; *questo* è vecchio.
   Queste mele sono acerbe; *queste* sono mature.

2. The words *that* and *those,* when used as adjectives have the following forms, which, as you may see, are similar to the contractions:

quel libro	quei libri
quella penna	quelle penne
quell'orologio	quegli orologi
quello studente	quegli studenti

   NOTE: The above forms are used exactly as the contractions.

3. The words *that* and *those,* when used as pronouns, have only four forms: *quello, quella, quelli, quelle.*

   Examples: Questo ragazzo è buono; *quello* è cattivo.
   Quegli armadi sono piccoli; *quelli sono grandi.*
   Quell'orologio va avanti; *quello* va indietro.

I—*Change to the plural*:

1. questo libro e quello
2. quel quaderno e questo
3. quell'orologio e questo
4. questo zio e quello
5. quell'acqua e questa

6. quello zucchero e questo
7. questa signorina e quella
8. quello studente e questo
9. quell'asino e questo
10. quella penna e questa

II—*Change to the singular*:

1. quegli amici e questi
2. quei ragazzi e questi

3. quelle amiche e queste
4. quegli armadi e questi

5. queste sigarette e quelle
6. questi calamai e quelli
7. quegli zii e questi

8. quei ragazzi e questi
9. quelle sedie e queste
10. quegli oggetti e quelli

III—*Replace the words in italics by the appropriate demonstrative pronouns*:

1. Io voglio *quella matita*. 2. Egli vuole leggere *quei libri*. 3. Ho comprato *quel quadro*. 4. Hai ricevuto *quella lettera*? 5. Ha visto Lei *queste fotografie*? 6. Abbiamo venduto *quell'orologio*. 7. Dove hai comprato *queste fragole*? 8. Egli suona *quegli strumenti*. 9. Mi piace *quel bicchiere*. 10. A chi manderai *quella cartolina*?

IV—*Replace the dash by the demonstrative adjective or pronouns meaning "that" or "those"*:

1. Essa vuole —— penna. 2. Io ammiro —— ragazzi. 3. Non hai letto —— libro? 4. Vuoi queste mele o ——? 5. Io non volevo —— zeri! 6. Questa villa è più bella di —— 7. Come è bella —— automobile! 8. —— studenti sono americani; —— sono italiani. 9. È d'oro —— anello? 10. —— fiore è rosso; —— è bianco. 11. —— scarpe sono vecchie; —— sono nuove. 12. —— oggetti costano molto; —— costano poco. 13. Vuoi —— liquore (masc.) o —— birra? 14. Non ti piacciono più —— amiche? 15. Come sono buoni —— zii e —— zie! 16. Dove è andato —— ragazzo? 17. Di chi sono —— bicchieri? 18. —— Americani e —— Americane sono ricchi. 19. Questi ragazzi sono più pigri di —— 20. Io voglio —— zaino, —— quaderno e —— matite.

V—*Translate the English words into Italian*:

1. Mangiate *those* mele, non *these*. 2. *That* uomo è più alto di *that one*. 3. *Those* amici vengono ogni giorno. 4. *This* è la bicicletta di *that* studente. 5. *That one* è l'Ospedale Italiano. 6. *These* pere sono più dolci di *those*. 7. *Those* amiche sono molto gentili. 8. *Those* sono i veri amici! 9. Vuoi comprare *those* quadri? 10. Che cosa farai con tutto *that* denaro? 11. *That* dentifricio mi piace più di *this one*. 12. *This* gioco è più difficile di *that one*. 13. *Those* cani appartengono a *that* signora. 14. *These* fiori sono

per *that* signorina. 15. È molto gustosa *that* insalata! 16. *This* ragazza è la sorella di *those* ragazzi. 17. *That* città è più grande di tutte *those*. 18. *Those* canzoni (fem.) non sono più belle di *this one*. 19. *That* animale è più feroce di *this one*. 20. *This* teatro è più piccolo di tutti *those*.

VI—The Interrogative Adjectives and Pronouns

1. *Chi?* — means *who?* or *whom?* and is used in reference to persons only. It is both singular and plural.

   Examples: Chi è quella ragazza?
   Chi sono quei ragazzi?
   Con chi sei andato al teatro?

2. *Che cosa?* or *Che* — means *what?* and is used in reference to things only.

   NOTE: *Che cosa* is not pluralized..

   Examples: Che cosa è questo?
   Che libro è questo?
   Che hai fatto?

3. *Quale?* (pl. *quali?*) — means *which? which one?*, and refers to both persons and things.

   Examples: Quale penna vuoi?
   Ecco i ragazzi. Quali sono i più studiosi?
   Fra queste ragazze, quale è la più bella?

4. *Di chi?* (followed by the verb) — means *whose?*

   Examples: Di chi è questo quaderno?
   Di chi sono queste penne?

EXERCISES

I—*Change to the plural*:

1. Chi è quel ragazzo?
2. Che cosa desideri tu?
3. Quale libro è questo?
4. Di chi è questa matita?
5. Chi hai incontrato?
6. Che cosa è questo?
7. Ecco le arance; quale vuoi?
8. Di chi è quella casa?
9. Con chi sei venuta?
10. Quale materia preferisci?

II—*Change to the singular:*

1. Quali libri hai portato?
2. Chi sono quelle ragazze?
3. Da chi avete ricevuto i libri?
4. Chi avete visto?
5. Di chi sono queste lettere?
6. Con chi andrete a teatro?
7. Quali studenti sono assenti?
8. Che sono queste?
9. Quali città avete visitate?
10. A chi manderete le cartoline?

III—*Replace the dash by an appropriate interrogative adjective or pronoun:*

1. —— è quell'uomo? 2. —— desidera quell'uomo? 3. Con —— è venuto? 4. —— siete voi? 5. —— avete mangiato? 6. —— ha mangiato la mia pera? 7. —— pera hai mangiata? 8. A —— avete parlato? 9. —— fate qui ragazzi? 10. —— maestro amate di più? 11. —— maestra amate di più? 12. —— non ama i genitori? 13. —— mangeranno stasera? 14. —— ritratto preferisci? 15. —— ritratti preferisci? 16. Da —— hai copiato il compito? 17. —— non capisce la lezione? 18. Ecco le matite; —— vuoi? 19. Con —— scrivete voi? 20. Di —— parlate?

IV—*Translate the English words into Italian:*

1. *Who* è tuo cugino? 2. *Who* sono i tuoi cugini? 3. *Whom* avete salutato? 4. *What* avete portato? 5. Con *what* apriremo la scatola? 6. *Which* penna scrive meglio? 7. *Which* calamaio è pieno? 8. Da *whom* hai ricevuto i fiori? 9. *What* ha detto il maestro? 10. *Who* siete voi? 11. *Which* animali sono utili? 12. *Which* bottiglie sono piene? 13. *What* avete imparato oggi? 14. Ecco le fotografie. *Which* è la più bella? 15. A *whom* mandi quei dolci? 16. *What* c'è in questo cassetto? 17. *Which ones* di quelle tazze sono vuote? 18. Con *whom* desidera parlare Lei? 19. *Who* desidera parlare? 20. *Whom* conoscete qui? 21. *Whose* sono queste penne? 22. *Whose* è questa penna? 23. *Which one* di queste forchette è la tua? 24. *Whose* è quel quaderno là? 25. Da *whom* avete ricevuto queste notizie?

VII—The Relative Pronouns

1. *Che* — means *who, whom, that, which, what.* It may refer to persons, animals and things. It is never used after a preposition.

   Examples: I libri *che* io leggo sono buoni.
   Grazie del regalo *che* mi hai mandato.
   Non so *che* (or *che cosa*) ha fatto.
   L'uomo *che* parla è mio zio.

2. *Cui*—used after a preposition, means *whom* or *which. To whom,* however, is translated by *cui,* without the preposition *a.*

   Examples: Il ragazzo *di cui* parlo è mio cugino.
   La penna *con cui* scrivo è mia.
   La signora *cui* parlo.

3. *Cui* — preceded by the definite article means *whose.*

   Examples: Il ragazzo, *il cui* padre è qui, è stato punito.
   Il ragazzo, *i cui* libri sono qui, è Giovanni.

   NOTE: The article in front of *cui* contracts with the preposition in front of it, if there is one.

   Example: Il ragazzo, *del cui* padre parlo, non è venuto.
   (The boy, of whose father I am talking, has not come)

4. *Quale* (pl. *quali*) — preceded by a contraction of the definite article and a preposition means *whom* or *which.*
   Examples: Il ragazzo *del quale* parlo è mio cugino.
   La penna *con la quale* scrivo è mia.

   NOTE: It is preferable to use *cui* preceded by the simple preposition: *See examples in 2 above.*

5. *Ciò che* — means *what* in the sense of "that which."
   Examples: *Ciò che* tu dici è giusto.
   La mamma mi ha detto *ciò che* hai fatto.

6. *Chi* (or *colui che*) — means *he who* (or *him who, the one who*).
   Examples: *Chi* ama sarà amato.
   Il maestro punisce *chi* non fa il compito.

EXERCISES

I—*Translate the English words into Italian:*

1. L'uomo *with whom* egli cammina è mio zio. 2. *What* egli ha detto non ti riguarda 3. *He who* non lavora non è un buon cittadino. 4. I ragazzi *who* studiano ottengono buoni punti. 5. La ragazza *of whom* parlo è mia cugina. 6. La signora, *whose* figlio è qui non è ricca. 7. La signora, *whose* figli sono qui, non è ricca. 8. Ecco i ragazzi *for whom* ho fatto questo. 9. L'automobile *that* abbiamo comprata non è nuova. 10. *He who* soffre per amore non sente dolore. 11. È vero *what* egli dice? 12. La penna *with which* egli scrive è nuova. 13. Ecco lo studente *whose* penna è sparita. 14. Quelli *who* sanno la lezione alzino la mano! 15. Io non sono il ragazzo *who* ha parlato. 16. Chi era il giovane *with whom* parlavi? 17. *He who* va piano va sano e va lontano. 18. Essa è la ragazza *whose* amiche sono state qui. 19. Voi non sapete *what* egli ha fatto. 20. Egli non ha il denaro *with which* comprare la casa. 21. I libri *which* avete ricevuti sono nuovi. 22. Non mi piace *what* essi fanno. 23. Il signore *whose* libro hai trovato non è venuto. 24. Tu non conosci la signorina *to whom* scrivo. 25. *He who* non studia sarà punito. 26. Voi non avete capito *what* io vi ho detto. 27. L'armadio in *which* hai messo i libri è chiuso a chiave. 28. L'animale *that* parla è il pappagallo. 29. I ragazzi *who* sanno la lezione avranno un dieci. 30. Le fotografie *which* ho viste sono veramente belle.

II—*Replace the dash by an appropriate relative pronoun:*

1 Ecco un ragazzo —— parla troppo. 2. Ama —— t'ama, e rispondi a —— ti chiama. 3. Giovanni ,—— genitori sono arrivati, è molto felice. 4. Hai visto l'uomo —— camminava così presto? 5. I figli, per —— egli lavora tanto, sono molto obbedienti. 6. —— fa il suo dovere sarà premiato. 7. Ecco —— non voglio fare. 8. Il libro —— hai letto non è mio. 9. —— è vero non si può negare. 10. Questo è il signore di —— ho tanto parlato. 11. Questi sono i signori di —— ho tanto parlato. 12. La ragazza —— ho vista poco fa mi piace moltissimo. 13. Non mi piace —— avete detto. 14. Dio in —— (use capital) crediamo ci aiuterà sempre. 15. I ragazzi con —— giocate sono molto gentili. 16. Io rispet-

to —— mi rispetta. 17. Maria, da —— ho ricevuto la lettera, arriverà domani. 18. —— è buono per me è buono per te. 19. Ecco le cose —— io amo! 20. Essa è la signorina —— sorella tu conosci bene. 21. Essa è la signorina — fratello tu conosci bene. 22. È questa la penna —— cercate? 23. —— è ricco non è sempre felice. 24. La matita con —— scrivo è rossa. 25. Quelli —— non hanno capito alzino la mano! 26. La signora —— figlio conosci, è partita. 27. La signora —— figlia conosci, è partita. 28. Mi piace la bicicletta —— hai comprata. 29. Io non so —— ha detto quella ragazza. 30. —— male fa, male aspetti!

VIII—The Past Definite (Il Passato Remoto)

The endings of the *Passato Remoto* are:

1st conjugation   Singular: ai, asti, ò
　　　　　　　　　 Plural:　 ammo, aste, arono

Comprare

(I bought, I did buy, etc.)

io comprai un libro

tu comprasti un libro

egli comprò un libro

noi comprammo un libro

voi compraste un libro

essi comprarono un libro

2nd conjugation   Singular: ei (or -etti), esti, è (or -ette)
　　　　　　　　　 Plural:　 emmo, este, erono (or -ettero)

Vendere

(I sold, I did sell, etc.)

io vendei la villa

tu vendesti la villa

egli vendè la villa

noi vendemmo la villa

voi vendeste la villa

essi venderono la villa

3rd conjugation   Singular: ii, isti, ì
　　　　　　　　　 Plural:　 immo, iste, irono

Finire

io fin*ii* il compito   (I finished, I did finish, etc.)
tu fin*isti* il compito   noi fin*immo* il compito
egli finì il compito   voi fin*iste* il compito
     essi fin*irono* il compito

USES: 1. The *Passato Remoto* is used to express an action that took place long ago, or in narratives.

Examples: Essi capirono la lezione.

Il babbo comprò un'automobile.

2. The *Passato Remoto* is also used when the action took place in a period of time *already elapsed,* as: yesterday, last week, last month, a month ago, etc.

Examples: Ieri io recitai bene la lezione.

Egli partì un mese fa.

NOTE: The Passato Remoto *is not used* when the verb expresses:
     a) a continued action
     b) a habitual or customary action
     c) a description   (*See next lesson*)

EXERCISES

I—*Change to the plural*:

1. Essa non capì niente.
2. Non parlai io?
3. Vendè egli il cavallo?
4. Lo zio andò a casa.
5. La maestra punì l'alunno.
6. Tu non finisti il lavoro.
7. Io ricevei la lettera.
8. Egli parlò piano.
9. Lei non partì.
10. Io cantai la canzone.
11. Dormisti bene tu?
12. Ieri io andai a teatro.

II—*Change to the singular*:

1. Noi vendemmo la casa.
2. Essi ripeterono tutto.
3. Voi spediste la lettera.
4. Esse suonarono male.
5. Noi coprimmo i libri.
6. Gli alunni non studiarono.
7. Voi non mi credeste.
8. Esse non dormirono.
9. Noi aiutammo il babbo.
10. Voi parlaste troppo.
11. Perchè non andarono essi?
12. A chi parlarono Loro?

III—*Change the verbs to the PASSATO REMOTO:*

1. Noi leggiamo un libro bellissimo. 2. Io imparo il vocabolario in pochi minuti. 3. Essi ricevono una lettera dalla nonna. 4. Lei parla italiano molto bene. 5. Non sentite bene voi? 6. Tu mangi troppo. 7. Le figlie puliscono la casa. 8. Il signor Barletta ci mostra le fotografie. 9. Essa perde tutto. 10. Noi pranziamo dalla zia. 11. Egli spedisce la lettera al cugino. 12. Voi camminate troppo. 13. Credi questo tu? 14. Noi contiamo in italiano. 15. Egli dorme profondamente.

IV—*Change the verbs in Exercise III above to the FUTURO and PASSATO PROSSIMO.*

V—*Replace the infinite by the proper form of the PASSATO REMOTO:*

1. (Suonare) Carlo —— il violino molto bene. 2.(Proibire) Il babbo ci —— di andare con lui. 3. (Spazzolare) Tu non —— il vestito. 4. (Indossare) Noi —— i vestiti nuovi. 5. (Lavorare) Essi —— tutto il giorno. 6. (Offrire) La signorina ci —— dei dolci. 7. (Stirare) Esse —— i fazzoletti. 8. (Salutare) Perchè non lo —— anche voi? 9. (Mandare) A chi —— tu quel regalo? 10. (Obbedire) Non —— essi l'amica di Antonio? 11. (Ricevere) Laura —— le mie lettere. 12. (Credere) Io —— ciò che egli mi —— (raccontare). 13. (Baciare) Noi —— la mamma prima di uscire. 14. (Spedire) Essi vi —— il pacco l'altro ieri. 15. (Morire) La povera signora —— l'anno scorso.

VI—*Translate the English verbs into Italian:*

1. Egli *waited* più di due ore. 2. Perchè non *repeated* anche voi le parole? 3. Dove *did he bring* quelle pere? 4. Essa non *suffered* molto durante il viaggio. 5. Essi mi *called* subito. 6. Tutte le mie parole non *served* a nulla! 7. Voi *did not* read ad alta voce. 8. Quando *did you receive* il mio messaggio, Filippo? 9. Essi *non respected* i miei desideri. 10. Noi *opened* questo negozio il mese scorso. 12. Allora io *lost* ogni speranza di essere promosso. 13. Nina *found* quest'anello ieri. 14. Solo Carlo e Giovanni *finished* la composizione. 15. Quando *did you begin* questo lavoro, ragazzi?

16. Quando *did you begin* questo lavoro, signorina? 17. Io e mio fratello *visited* i più famosi musei del mondo. 18. Perchè non *believed* egli questo? 19. Noi *danced* con tutte le belle ragazze. 20. Il babbo *punished* Giovanni perchè *he did not study*. 21. Quando *did you lose* il denaro (voi)? 22. Quando *did they lose* il denaro? 23. Carlo *lost* la sua penna la settimana scorsa. 24. Giulio ed Enrico *arrived* prima delle nove. 25. Voi e noi *sang* molto bene.

IX—The Imperfect (L'Imperfetto)

The endings of the *Imperfetto are*:

1st *conjugation* Singular: avo, avi, ava
             Plural: avamo, avate, avano

Comprare

io compravo un libro   noi compravamo un libro
tu compravi un libro   voi compravate un libro
egli comprava un libro   essi compravano un libro

(I was buying, *or* used to buy a book, etc.)

2nd *conjugation* Singular: evo, evi, eva
             Plural: evamo, evate, evano

Vendere

io vendevo dei giornali   noi vendevamo dei giornali
tu vendevi dei giornali   voi vendevate dei giornali
egli vendeva dei giornali   essi vendevano dei giornali

(I was selling, *or* used to sell papers, etc.)

3rd *conjugation* Singular: ivo, ivi, iva
             Plural: ivamo, ivate, ivano

Finire

io finivo il compito   noi finivamo il compito
tu finivi il compito   voi finivate il compito
egli finiva il compito   essi finivano il compito

(I was finishing, *or* used to finish the home work, etc.)

Uses of the IMPERFETTO:

a) In continued past actions.
Example: Egli *mangiava* una mela—He was eating an apple.

b) In habitual or customary past actions.
Example: Egli *andava* spesso al teatro—He used to go to the theatre often.

c) In description in the past.
Example: Essa *aveva gli occhi celesti* — She had blue eyes.

EXERCISES

I—*Change to the plural*:

1. Essa cantava bene.
2. Lei parlava troppo.
3. Egli non credeva questo.
4. Io andavo a casa.
5. Tu punivi il ragazzo.
6. La zia capiva tutto.
7. Essa riceveva molte lettere.
8. Io dormivo poco.
9. Tu suonavi bene.
10. Lei non giocava mai.

II—*Change to the singular*:

1. Noi ripetevamo tutto.
2. Essi spedivano la lettera.
3. Voi cantavate male.
4. Esse aprivano i libri.
5. Noi non studiavamo molto.
6. Gli alunni credevano tutto.
7. Voi parlavate troppo.
8. Esse aiutavano la mamma.
9. Noi sentivamo bene.
10. Loro arrivavano presto.

III—*Replace the verbs in Example III on page 57 by the proper forms of the IMPERFETTO.*

IV—*Replace the infinitive by the proper form of the IMPER-FETTO:*

1. (ballare) Egli —— con mia sorella. 2. (soffrire) Io —— troppo pensando che tu non mi —— (amare) 3. Vincenzo (giocare) con i suoi amici. 4. (ascoltare) Noi —— il maestro attentamente. 5. (mettere) I ragazzi —— il compito sui banchi. 6. (suonare) La signorina —— il pianoforte. 7. (conservare) Voi —— tutto il vostro denaro. 8. (aspettare) Essa mi —— da un'ora. 9. (punire) Io non lo —— mai. 10. (obbedire) Esse —— sempre la mamma. 11. (chiamare) Voi mi —— sempre alle otto. 12. (abitare) Anche tu —— in quella casa? 13. (spendere) Vin-

cenzo non —— denaro in cose inutili. 14. (coprire) Tutti gli
alunni —— i libri. 15. (guardare) Noi la —— attentamente.

V—*Translate the English verbs into Italian:*

1. La mamma *was closing* la finestra. 2. Io *had* un mal di
capo. 3. Giorgio *was showing* il ritratto a suo cugino. 4. Essi
used to invite le amiche ogni settimana. 5. Voi *used to dine* all'una
pomeridiana. 6. Noi *were serving* il caffè agli amici. 7. I ragazzi
were reading in silenzio. 8. Tu *used to eat* con molto appetito.
9. Essa *had* i capelli biondi. 10. Io *used to drink* un litro di latte
al giorno. 11. Esse *used to drink* un litro di latte al giorno. 12. Lei
used to answer sempre correttamente. 13. Io *was opening* la porta
quando egli arrivò. 14. Noi *answered* sempre correttamente e ad
alta voce. 15. Con chi *was talking* la signorina Gioiadimamma?
16. Io *was admiring* il quadro di Michelangelo. 17. A chi *were
you sending* quella lettera, mio giovane amico? 18. I due bambini
used to sleep insieme. 19. Noi non *used to disturb* la mamma.
20. Luigi *finished* sempre prima degli altri. 21. Essi *were walking*
in fretta. 22. Dove *were you going* così di buon'ora? 23. Mentre
io *was playing* essa *was singing*. 24. Carluccio *copied* il compito
ogni giorno. 25. Tu ed io *used to go* in campagna ogni settimana,
ti ricordi?

X—The Reflexive Verbs

Learn the pronouns used with the reflexive verbs. They are
the same in all tenses.

Presente of LAVARSI — I wash myself, you wash yourself, etc.

io *mi* lavo	noi *ci* laviamo
tu *ti lavi*	voi *vi* lavate
Lei *si* lava	Loro *si* lavano
egli *si* lava	essi *si* lavano
essa *si* lava	esse *si* lavano

Passato Prossimo of LAVARSI — I have washed myself, etc.

io mi sono lavato (lavata)
tu ti sei lavato (lavata)
Lei si è lavato (lavata)
egli si è lavato
essa si è lavata

noi ci siamo lavati (lavate)
voi vi siete lavati (lavate)
Loro si sono lavati (lavate)
essi si sono lavati
esse si sono lavate

NOTES

1. The past participle of all reflexive verbs agrees in gender and number with the subject. See *Passato Prossimo* above.

2. When the past participle is followed by a direct object it is preferable to let the past participle agree with the direct object. Examples:

   1. Carlo si è lavata la faccia.
   2. Noi ci siamo lavata la faccia.
   3. Io mi sono pettinati i capelli.

3. The reflexive verbs (any active verbs can be made reflexive) are used when referring to parts of the body or to one's articles of clothing, thus avoiding the use of the possessive adjectives.

   Examples: Egli si è rotto il braccio — He broke his arm.
   Io mi metto la giacca — I put on my jacket.

Learn the following common reflexive verbs:

   1. accontentarsi di — to be satisfied with
   2. addormentarsi — to fall asleep
   3. affrettarsi — to hurry
   4. allontanarsi — to move away
   5. alzarsi — to get up, to rise
   6. annoiarsi — to be bored
   7. asciugarsi — to dry oneself
   8. avvicinarsi — to come near, to get close
   9. bagnarsi — to get wet
   10. coricarsi — to go to bed
   11. divertirsi — to enjoy oneself, to have a good time
   12. farsi la barba — to shave (oneself)
   13. farsi il bagno — to bathe, to take a bath

14. fermarsi — to stop
15. lavarsi — to wash oneself
16. lamentarsi (or lagnarsi) — to complain
17. mettersi a — to begin
    (*mettersi a* is followed by an infinitive)
18. pentirsi — to repent
19. pettinarsi — to comb oneself
20. radersi — to shave (oneself)
21. raffreddarsi — to get cold; to catch a cold
22. sedersi — to sit, to sit down
23. spaventarsi — to be frightened
24. spogliarsi — to undress
25. svegliarsi — to wake up
26. vergognarsi — to be ashamed
27. vestirsi — to dress
28. sentirsi bene — to feel well

EXERCISES

I—*Conjugate the following*:

1. io mi affretterò, tu ti affretterai, etc.
2. io mi sono divertito.
3. io mi faccio il bagno.
4. io mi divertivo molto.
5. io mi sono asciugata la faccia.

II—*Change to the plural*:

1. Essa si alza presto.
2. Essa si è alzata.
3. Tu ti laverai.
4. Il ragazzo si veste.
5. Ti sei pentito?
6. Io mi sono svegliata.
7. Si è spaventata essa?
8. Egli si è bagnato.
9. Si affretterà Lei?
10. Tu ti sei allontanato.

III—*Change to the singular*:

1. Noi ci pentiremo.
2. Voi vi coricate.
3. Esse si lamentano.
4. Noi ci divertiamo
5. Noi ci siamo divertiti.
6. Loro si avvicineranno.
7. Essi si sono fermati.
8. Vi siete svegliati presto?
9. Esse si sono addormentate.
10. Noi ci siamo pettinate.

IV—*Change the verbs in the following sentences to the PASSATO PROSSIMO:*

1. La bambina si addormenterà.
2. Le ragazze si alzano tardi.
3. Noi ci fermeremo là.
4. Io mi asciugo le mani.
5. Esse si bagnano i piedi.

7. Il babbo si faceva la barba.
7. Si diverte molto Lei, Signora?
8. Essi si accontentano di poco.
9. Elena si laverà i capelli.
10. Noi ci faremo il bagno.

V—*Fill the blank spaces with the verbs in parentheses:*

	Pres.	Fut.	P. Pr.	P. Rem.	Imp.	
1. La zia	....	....	....	....	....	(divertirsi)
2. Gli amici	....	....	....	....	....	(annoiarsi)
3. Tu ed io	....	....	....	....	....	(bagnarsi)
4. Il signor Neri	....	....	....	....	....	(allontanarsi)
5. Tu e Carlo	....	....	....	....	....	(alzarsi)
6. Nina e Luigi	....	....	....	....	....	(fermarsi)
7. Lei, signore	....	....	....	....	....	(pentirsi)
8. Voi	....	....	....	....	....	(addormentarsi)
9. Loro, signorine	....	....	....	....	....	(sedersi)
10. Voi e noi	....	....	....	....	....	(asciugarsi)

VI—*Repeat Exercise V using other verbs for additional practice.*

VII—*Translate the English verbs into Italian:*

1. Questo ragazzo *complains* di ogni cosa. 2. Io *have hurried* il più che possibile. 3. Oggi noi *have stopped* davanti al negozio. 4. Quando chiamerò tu *will come near*. 5. Noi *repented* di non aver fatto il compito. 6. La nonna *hasn't felt well* tutta la settimana. 7. Antonio *used to shave* ogni giorno. 8. Io *fall asleep* appena *I go to bed*. 9. Marianna *has dressed* in pochi minuti. 10. *Aren't you ashamed* di ciò che avete fatto? 11. Essi *will be bored* in quel luogo solitario. 2. Io *am satisfied* di cinque dollari al giorno. 13. Perchè *are you undressing* così presto, Giuseppe? 14. La bambina *used to be frightened* per nulla. 15. La povera donna *has fallen asleep*. 16. Questi ragazzi *have wet* (*their*) le

scarpe. 17. Si sono raffreddati perchè *they have washed (their)* la testa. 18. Sono sicuro che essi *have enjoyed themselves.* 19. Perchè non *sit down* anche voi? 20. Essi *bathe* ogni giorno. 21. Io sono sicuro che noi *shall have a good time.* 22. Egli è così buono che *doesn't complain* mai. 23. Tutto ad un tratto il cavallo *stopped.* 24. Noi *are never bored* in compagnia di quelle care ragazze. 25. Se non *hurry* arriverete tardi.

XI—The Comparison of Adjectives

A. *Comparatives of equality*

The words *as —— as,* or *so —— as* or *as much —— as* are translated by *come* or *quanto. The words* così and *tanto* (in parentheses in the examples below) are sometimes used, but it is better to leave them out.

> Questo libro è (*così*) buono *come* quello.
> Questo libro non costa (*tanto*) *quanto* quello.

B. *Comparatives of inequality*

I The words *more* and *less* are translated by *più* and *meno,* which are invariable.

II The word *than* is translated by *di* when it comes before a noun, the name of a person, a pronoun or a number.

Examples:

1. Elena è più alta *della* sorella.
   . (Notice the contraction of *di* with the definite article.)
2. Luisa mangia meno *di* Maria.
3. Egli è più intelligente *di* te.
4. Io ho vinto più *di* cinque dollari.

III The word *than* is translated by *che* when it comes before a preposition or between two nouns, two adjectives, two pronouns or two verbs.

1. Egli parla più inglese *che* italiano.
2. Essa è più bella *che* intelligente.
3. Io viaggio più per terra *che* per mare.
4. Egli vuole più giocare *che* studiare.
5. Ammiro più te *che* lui.
6. Quell'uomo beve più birra *che* acqua.

C. *The relative superlative*

The relative superlative is used when the comparison is between more than two persons or things. It is formed by putting the definite article in front of più or meno.

Examples: 1. Carmela è *la più studiosa* di tutte le alunne.
2. Pietro invece è *il meno studioso*.
3. Esse sono *le più belle* ragazze della scuola.
4. Essi sono *i più ricchi* signori del mondo.

NOTICE that in sentences where the superlative is used, the word *in* is translated by *di* (or a contraction of *di* with the definite article)

D. *The absolute superlative*

The absolute superlative expresses a very high characteristic of the person or object to which it refers, but without any relation to other persons or objects. In order to form the absolute superlative of an adjective, take the masculine plural form and add *ssimo*.

Examples: 1. La signora Cinquemani è *buonissima*.
2. Egli è un mio *carissimo* amico.
3. Questi alberi sono *altissimi*.
4. Mia zia è *ricchissima*.

E. *Learn the following irregular adjectives and adverbs:*

buono	migliore (better)	il migliore (the best)
	or	or
	più buono	il più buono
cattivo	peggiore (worse)	il peggiore (the worst)
	or	or
	più cattivo	il più cattivo
bene	meglio (better)	il meglio (the best)
male	peggio (worse)	il peggio (the worst)

EXERCISES

I—*Compare the following as indicated by the example given:*

Example: gentile   più gentile   il più gentile   gentilissimo

1. studioso	6. affettuose	11. vecchie
2. studiosa	7. graziosa	12. gustoso
3. cortesi (fem.)	8. intelligenti	13. ricchi
4. belli	9. fortunato	14. povera
5. corto	10. nuovi	15. stanche

II—Replace the dash by *di* (or its contraction with the definite article) or *che*.

1. Tu sei più buono —— me. 2. Paolina ha recitato meglio—— tutte le altre ragazze. 3. Essi lavorano più —— signor Lungavia. 4. Esse studiano più —— voi. 5. Voi mangiate più verdura —— carne. 6. Questa settimana ho guadagnato più —— cinquanta dollari. 7. Questi armadi sono più grandi —— quelli. 8. Essi sono più buoni —— intelligenti. 9. Il bambino usa più le mani —— la forchetta. 10. I ragazzi amano più giocare —— studiare. 11. Ho camminato meno —— lui. 12. Vincenzo studia meno —— fratello. 13. È vero che le ragazze sono meno studiose —— ragazzi? 14. Darò più dolci a te —— a Paolo. 15. Essa è più bella —— Luigina. 16. Tu sei più fortunato —— industrioso. 17. Ho fatto questo più per te —— per lui. 18. Io capisco più l'inglese —— il francese. 19. Francesca studia meno —— sua cugina. 20. La sorella mangia più —— fratello.

III—*Translate the words in italics into Italian. Omit words in parentheses.*

1. Questo ragazzo è cattivo, ma quello è *worse* (two ways). 2. Le tue mani sono (as) fredde *as* le mie. 3. Questi fiori sono freschi, ma quelli sono *the freshest*. 4. Egli scrive più con la penna *than* con la matita. 5. Giuseppe è un mio *very dear* amico. (absol. superl.) 6. Giuseppe è *my dearest* amico. 7. Questi libri sono (as) nuovi *as* quelli. 8. Alberto studia poco, ma tu studi *less than* lui. 9. Roberto studia *the least of* tutti. 10. Questa casa costa *as*

much as la mia. 11. Giacomo è *the best* studente *in the* classe.
12. La signora Parlamolto è *very rich.* (absol. superl.) 13. La
signora Parlabene è *the richest* donna *in the* città. 14. Quella vecchia ha *more than* novant'anni. 15. Essa preferisce dormire *more
than* mangiare. 16. Se io lavoro poco, tu lavori *less than me.*
17. Questi alberi sono *very tall.* (absol. superl.) 18. Quei due però
sono *the tallest* di tutti. 19. Essa parla *more* con le mani *than* con
la bocca. 20. Negli Stati Uniti ci sono più donne *than* uomini.
21. Tu scrivi male, ma egli scrive *worse.* 22. Io scrivo *better than*
tutti voi. 23. Essi sono *my best* amici. 24. Egli spende *as much*
denaro *as* il mio amico. 25. Marianna è felice, Elena è *happier,*
ma Luisa è *the happiest.* 26. Questa carne è *better than* quella.
(two ways) 27. Noi cantiamo bene, ma essi cantano *better.*
28. Voi non siete le persone *poorest in the* mondo. 29. Carmela
parla italiano (as) bene *as* la sorella. 30. Egli è *the best* violinista
in the Stati Uniti. 31. Io non sono (as) bella *as* mia cugina.
32. Le mie lezioni sono difficili, ma le tue sono *more difficult.*
33. Queste studentesse sono *very intelligent.* (absol. superl.)
34. Questa strada è the *longest in the* città. 35. Roma è una *of
the most beautiful* città *in the* mondo. 36. Essi non sono (as)
poveri *as* noi. 37. Questo palazzo è *taller than* quello. 38. Giovanni è *less* cortese *than* suo fratello. 39. Essi sono *the worst* ragazzi *in* questa strada. 40. Il tuo racconto non è (as) interessante
as il mio. 41. Il babbo ha comprato *the best* fragole. (two ways)
42. I miei libri sono puliti, i tuoi sono *cleaner.* 43. La nostra maestra è *very kind.* (absol. superl. of *gentile*)

XII—The Imperative (L'Imperativo)

Cantare

Canta! (tu)	Sing!
Canti! (Lei, egli, essa)	Sing! Let him sing! Let her sing!
Cantiamo! (noi)	Let's sing!
Cantate! (voi)	Sing!
Cantino! (Loro, essi, esse)	Sing! Let them sing!

Vendere

Vendi! (tu)	Sell!
Venda! (Lei, egli essa)	Sell! Let him sell! Let her sell!
Vendiamo! (noi)	Let us sell!
Vendete! (voi)	Sell!
Vendano! (Loro, essi, esse)	Sell! Let them sell!

Dormire

Dormi! (tu)	Sleep!
Dorma! (Lei, egli, essa)	Sleep! Let him sleep! Let her sleep!
Dormiamo! (noi)	Let's sleep!
Dormite! (voi)	Sleep!
Dormano! (Loro, essi, esse)	Sleep! Let them sleep!

Finire

Finisci! (tu)	Finish!
Finisca! (Lei, egli, essa)	Finish! Let him finish! Let her finish!
Finiamo! (noi)	Let's finish!
Finite! (voi)	Finish!
Finiscano! (Loro, essi, esse)	Finish! Let them finish!

NOTES

1. There is no imperative form for "io".

2. The personal pronouns are usually omitted in the imperative.

3. The *isco* verbs take the *ISC* between the stem and the ending, for the *tu, egli* and *essi* forms. Of the six tenses you have learned only the present and the imperative have this peculiarity.

4. The *imperative negative* is the same as the *imperative affirmative* in all forms except the *tu* form. For the *tu* form the infinitive is used. Thus we have:

Non cantare! (tu)	Non dormire! (tu)
Non vendere! (tu)	Non finire! (tu)

EXERCISES

I—*Write all the imperative forms, both affirmative and negative, of the following verbs:*

1. portare
2. cercare
3. imparare

4. pagare
5. pulire
6. ripetere

7. partire
8. spedire
9. scendere
10. sentire

II—*Change each infinitive to the appropriate form of the imperative:*

1. (lavorare) Non —— troppo, signora! 2. (spendere) Non —— molto, Luigi! 3. (rispettare) Ragazzi, —— i genitori! 4. (giocare) —— anche voi alla tombola! 5. (punire) Per piacere, non mi ——, signor maestro! 6. (leggere) —— (essa) il libro, e capirà tutto! 7 (piegare) Signorina, non —— le pagine del libro! 8. (piegare) Non —— (voi) i fogli! 9. (scendere) Salvatore —— subito! 10. (scendere) Salvatore, non —— così in fretta! 11. (suonare) Per piacere —— un po', signorina Gentile! 12. (leggere) —— anche noi la lezione! 13. (proibire) ——(Lei) a quel ragazzo di toccare tutto! 14. (proibire) Babbo, non —— a Giulio di uscire! 15. (scrivere) —— (essi) tutte le parole! 16. (scrivere) —— anche Lei al Presidente! 17. (scrivere) Elena, —— una cartolina alla tua amica! 18. (vendere) —— (egli) la casa! 19. (salutare) Ragazze, —— le maestre! 20. (disturbare) Non —— (essa) il babbo! 21. (prendere) —— il libro, signor Pocoroba! 22. (giocare) Non —— (noi) con quei ragazzi! 23. (rispondere) —— in italiano, signorina Politi! 24. (ballare) Enrico, —— con Susanna! 25. (ballare) —— (essi), sono giovani! 26. (lavare) Mamma, non —— i piatti proprio ora! 27. (dormire) Ragazzi, non —— troppo! 28. (dormire) Carlo, non —— troppo! 29. (dormire) Carlo, —— ancora un po'! 30. (rispondere) —— sempre ad alta voce, signorine!

III—*Translate the English verbs into Italian:*

1. *Let him run;* arriverà più presto! 2. *Don't run,* Tito; puoi cadere! 3. *Run* anche tu, Filippo! 4. Ragazzi, *correct* il compito! 5. *Correct* anche tu il compito, Vincenzo! 6. *Let's walk* più presto! 7. *Let's not walk* così presto; sono già stanco! 8. *Let them walk*

lentamente, se non hanno premura! 9. *Don't walk* così in fretta, Maria! 10. *Do not offend* (voi) gli amici! 11. Signorina Toscano, *pronounce* le parole ad alta voce! 12. *Let them complete* il lavoro adesso! 13. *Let's complete* anche noi questo lavoro! 14. Paolina *send* la lettera al nonno! 15. Paolina, *don't send* quella lettera al nonno! 16. Signor Giangrande, *send* subito quel libro, per piacere! 17. *Let's not touch* la statua! 18. Signori, per piacere, *don't touch* nulla! 19. *Open* la finestra, Giannina! 20. Però, *don't open* la porta! 21. *Let him open* tutti i cassetti! 22. *Let them pray* il Buon Dio! 23. *Pray* anche voi per la pace del mondo! 24. *Pray* anche Lei, signorina. 25. Carlino *drink* tutto il latte! 26. *Let them drink* del vino, se vogliono! 27. *Don't forget* di scrivere la poesia, ragazzi! 28. *Don't forget* di venire anche tu, Armando! 29. Olga, *obey* la mamma! (obbedire) 30. Totò, *offer* una sigaretta al signore! 31. *Let him ask* al maestro! 32. *Let's ask* a quella signora! 33. *Don't ask* che cosa ho fatto, Enrico! 34. *Don't believe* questa storia, signorina! 35. *Don't believe* questa storia, Francesca! 36. *Let's begin* da capo! 37. *Let them begin* da capo! 38. *Leave* subito, signori! (partire) 39. *Don't leave* adesso, amico mio. 40. *Let her leave* adesso, se ha fretta!

XIII—Pronouns used with the Imperative

I—*Review the direct and indirect object pronouns, and also the reflexive pronouns.*

You have learned that all the above mentioned pronouns (except *loro*) are placed before the verb. You must now learn this VERY IMPORTANT EXCEPTION:

In the *tu, noi* and *voi* forms of the AFFIRMATIVE IMPERATIVE the *direct, indirect* and *reflexive* pronouns are attached to the end of the verb. (Remember that *loro* or *Loro* always follow the verb and is NEVER attached to it). Examples:

Parla a Giovanni!	becomes	Parlagli!
Parliamo a Giovanni	becomes	Pargliamogli!
Parlate a Giovanni!	becomes	Parlategli!

But:

   Parli a Giovanni!   becomes   Gli parli!
   Parlino a Giovanni!   becomes   Gli parlino!

Other examples:
   Alzati!   Alziamoci!   Alzatevi!

But:

   Si alzi, signorina!   Ebbene, si alzi anche lui!   Si alzino
   signori!   Dunque, si alzino anche gli altri!

The negative imperative of alzarsi:

   Non ti alzare!   Non ci alziamo!   Non si alzino!
   Non si alzi!   Non vi alzate!   Non si alzino!
   Non si alzi

NOTE: When the pronouns *mi, ci, lo, la,* and *ne* are attached to the verb forms *dà* and *fa* they double their initial consonant. Examples: *dammi, dacci, dallo, fammi, facci, fallo,* etc.

EXERCISES

I—*Make the following sentences negative:*

1. Scriviamola subito!
2. Vestiti in fretta!
3. Addormentati!
4. Addormentatevi!
5. Si vesta, signor Meli!
6. Cantatele!
7. La canti, signorina!
8. Mandagli il libro!
9. Mandalo a Maria!
10. Vendetele a Luigi!
11. Compratela ora stesso!
12. Mandiamo loro i fiori!
13. Corichiamoci!
14. Avvicinatevi, ragazzi!
15. Si avvicini, signora!
16. Allontaniamoci subito!
17. Porta loro questo pacco!
18. Portagli questa lettera!
19. Portiamole i fiori!
20. Gli porti questa scatola!

II—*Replace the words in italics by appropriate pronouns. Rewrite the sentences:*

A. 1. Scrivi la lettera *a Carlo.* 2. Scrivi *la lettera* a Carlo!
3. Venda (Lei) *i dolci* ai ragazzi! 4. Venda (Lei) i dolci *ai ragazzi!*
5. Portate *questi libri* alla maestra! 6. Portate questi libri *alla*

maestra! 7. Spediamo subito *questo quadro* al signor Forti! 8. Spediamo subito questo quadro *al signor Forti!* 9. Non date *questo* a me! 10. Non date questo *a me!* 11. Non dire *queste cose* a noi! 12. Non dire queste cose *a noi!* 13. Diamo queste mele *alla signorina!* 14. Diamo *queste mele* alla signorina! 15. Non date quel pane *alle bambine!* 16. Non date *quel pane* alle bambine! 17. Mandiamo *il denaro* al babbo. 18. Mandiamo il denaro *al babbo!* 19. Mandate *il denaro* alla zia! 20. Mandiamo il denaro *alla zia!*

B. 1. Parlate *a Carlo!* 2. Non parlate *a Carlo!* 3. Invita *la signora Cialli!* 4. Non invitare *quella signorina!*.. 5. Aiutiamo *la mamma!* 6. Aiuti (Lei) *la mamma!* 7. Aiutate *i vicini!* 8. Aiutino (Loro) *i vicini!* 9. Cantate *quella canzone!* 10. Non cantate *quella canzone!* 11. Impariamo *la poesia!* Impara *la poesia!* 13. Finite *questo lavoro* 14. Parlate a *quelle ragazze!* 15. Non parlate a *quelle ragazze!* 16. Chiudi *le finestre!* 17. Non chiudere *la porta!* 18. Leggi *questo libro!* 19. Legga *questa storiella!* 20. Leggiamo *i giornali!*

III—*Translate the following into Italian:*

1. Let's open it! (il libro) 2. Open them! (voi — le porte) 3. Close it! (tu — la finestra). 4. Don't close them! (tu — i cassetti) 5. Wash yourselves! (voi) 6. Don't wash yourselves! (voi) 7. Wake up! (tu — svegliarsi) 8. Let's get wet! (bagnarsi) 9. Get wet! (Lei) 10. Let them get wet! 11. Get up! (voi) 12. Don't get up! (Lei) 13. Don't get up! (tu) 14. Let's get dressed! (vestirsi) 15. Don't complain! (voi — lamentarsi) 16. Let's not complain! 17. Have a good time! (voi — divertirsi) 18. Have a a good time! (tu) 19. Have a good time! (Lei) 20. Let them have a good time! 21. Be satisfied! (tu — accontentarsi) 22. Let's shave! (farsi la barba) 23. Shave! (voi) 24. Don't shave! (tu) 25. Don't be frightened! (voi — spaventarsi) 26. Don't be frightened! (tu) 27. Hurry! (tu — affrettarsi) 28. Hurry! (Lei) 29. Let's hurry! 30. Don't hurry! (tu) 31. Bring him the letter! (tu) 32. Learn it, boys! (la poesia) 33. Let's not study them now! (le lezioni) 34. Study it now! (tu — la poesia) 35. Don't study it now! (tu — la poesia) 36. Let them eat them! (le fragole)

37. Let her eat it! (il pane)   38. Invite them! (voi — gli amici)
39. Invite them! (tu — le amiche)   40. Don't send him that letter!

XIV—The Irregular Verbs—I

Review the following verbs: (Refer to VERB TABLE).

avere	to have	uscire	to go out
essere	to be	andare	to go
salire	to go up, to climb	venire	to come

I—*Conjugate*

A.   1. Io esco sempre di buon'ora.   2. Io non ebbi paura di niente.
3. Io vado sempre al cinematografo.   4. Io non ero in casa a quell'ora.   5. Io andrò a Washington col babbo.   6. Io sono stato a visitare la zia.   7. Io sono uscito poco fa.   8. Io non vengo mai prima delle sei.   9. Questa volta verrò più presto.   10. Io fui il primo ad arrivare.   11. Quando io venni la porta era chiusa.
12. Io non salgo mai le scale in fretta.

B.   1. Abbi pazienza ancora un po'!   2. Sii sempre cortese verso i vecchi!   3. Va' a comprare subito il pane!   4. Vieni prima del pranzo stasera!   5. Sali subito; è ora di cenare!   6. Esci di buon'ora la mattina!

II—*Change to the plural*:

1. Abbi coraggio, amico!
2. Andrò anch'io fuori.
3. Va' fuori subito!
4. Egli venne alle nove.
5. Egli non avrà nulla.
6. È venuta anch'essa?
7. Io fui il primo.
8. Avevi fame tu?
9. Essa era già qui.
10. Dove sei stata?
11. Io ebbi il coraggio di farlo.
12. Vada subito in campagna!

13. Io salgo in fretta.
14. Tu vieni sempre tardi.
15. Avesti paura tu?
16. Io verrò sicuramente.
17. Io esco sempre l'ultimo.
18. Io venni in ritardo.
19. Con chi eri tu?

20. Con chi verrai?
21. Esci subito!
22. Egli va a casa.
23. Salga, signor Pini!
24. Venga qui, signorina!
25. Sia buona, signora.

III—*Change to the singular*:

1. Essi escono prima di me.
2. Venite subito, amici!
3. Abbiamo fede, signori!
4. Noi siamo usciti.
5. Non salite, ragazzi!
6. Andate anche voi!
7. Noi avremo del denaro.
8. Vengono anche le figlie?
9. Dove sono state esse?
10. Voi avrete tutto.
11. Dove andate voi?
12. Noi veniamo sempre qui.
13. Essi non ebbero niente.

14. Dove siete andati?
15. Voi eravate in ritardo.
16. Voi veniste troppo presto.
17. Dove furono essi ieri?
18. Vadano via subito!
19. Non escano adesso!
20. Siate gentili, ragazzi!
21. Essi andavano in campagna.
22. Salgono anch'essi?
23. Verranno anche Loro?
24. Andiamo anche noi a teatro.
25. Esse saranno qui a momenti.

IV—*Replace each blank by the proper form of the verb indicated*:

	Pres.	Fut.	P. Pr.	P. Rem.	Imp.	Impvo.
avere essi	....	....	....	....	....	....
" egli	....	....	....	....	....	....
essere io	....	....	....	....	....	....
" voi	....	....	....	....	....	....
salire esse	....	....	....	....	....	....
" io	....	....	....	....	....	....
uscire Lei	....	....	....	....	....	....
" Loro	....	....	....	....	....	....
andare tu	....	....	....	....	....	....
" essi	....	....	....	....	....	....
venire egli	....	....	....	....	....	....
" essi	....	....	....	....	....	....

V—*Change the verbs in italics to the present:*

1. Essi *salivano* sempre sopra i banchi. 2. Che cosa *aveva* quella ragazza? 3. Dove *eravate* voi? 4. Voi *venivate* sempre insieme. 5. Io *uscivo* sempre con Paolo. 6. Tu *andavi* in campagna con lo zio. 7. Essi *uscivano* prima di noi? 8. Io *venivo* a darti buone notizie. 9. Esse *andavano* a visitare le loro amiche. 10. Egli *era* sempre il primo della classe.

VI—*Change the verbs in Exercise V to:*
    A. *Futuro*   B. *Passato Prossimo*   C. *Passato Remoto.*

VII—*Translate the English verbs into Italian:*

1. *Are you going out* con la tua amica, Lucia? 2. Sì, perchè *don't come* anche voi? 3. Se essi *go,* noi *go* con loro. 4. Ieri tu *were* l'ultimo ad arrivare. 5. Io ricordo quando voi *were* bambini. 6. Se essi *will have* tempo *they will go* di certo. 7. *Come up* un momento a visitare la zia, signora! 8. *Let's go out* anche noi! 9. Dove *shall we go* questa sera? 10. Egli *was* qui ieri, ma tu *were not* in casa. 11. Appena essi *came* noi *went out...* 12. Quelli che *will come* con me *will be* ricchi. 13. Essi *did not come* quando io li chiamai. 14. *Have* pazienza, signora! Sono sicuro che egli *will come.* 15. *Let them come!* Si divertiranno molto. 16. Appena io *had* il tempo *I came* a visitarti. 17. Se essi will *come up* io *will be* molto felice. 18. Giorgio, *go out* subito; quel ragazzo *is coming!* 19. Giorgio, *go* a dire alla nonna che stasera *we shall come.* 20. Essi *were* qui, ma ora *have gone* via.

XV—The Irregular Verbs—II

Review the following verbs: (Refer to VERB TABLE)

dire (1)	to tell, to say	stare	to stay, to be
dare	to give	sedere (2)	to sit
fare (1)	to do, to make	piacere (3)	to like, to be pleasing

NOTES: 1) *dire* and *fare* are conjugated from the old forms *dicere* and *facere.*

      2) or sedersi.

3) The verb *piacere* seems to give students a great deal of trouble. It will help you very much if you will remember the following:

   a) The verb *piacere* is most commonly used in the third person singular or plural.

   b) The "thing" or "person" *liked* becomes the subject of the Italian sentence, and the person who likes it becomes the indirect object. Thus the sentence "He likes the book" becomes "The book is pleasing to him" — *Il libro gli piace*.

EXERCISES

I—*Conjugate the following*:

1. Io do il libro a Giuseppe.
2. Io dico sempre la verità.
3. Io non faccio il compito ogni giorno.
4. Io mi siedo qui.
5. Io piaccio agli amici.
6. Io sto vicino alla finestra.

II—*Repeat Exercise I using*:

A. Passato Prossimo.
B. Futuro.
C. Imperfetto.
D. Passato Remoto.
E. Imperativo (begin with the *tu* form).

III—*Change to the plural*:

1. Egli dice.
2. Siedi!
3. Tu dai.
4. Io non dico.
5. Io stetti.
6. Io seggo.
7. Essa darà.
8. Tu dicevi.
9. Io starò.
10. Che fai?
11. Tu ti sedesti.
12. Io dicevo.
13. Che fa egli?
14. Egli piacque.
15. Tu dirai.
16. Essa fece.
17. Tu stesti.
18. Egli disse.
19. Stia (Lei) ferma!
20. Io ho detto.
21. Egli piaceva a tutti.
22. Da' il libro a Mario!
23. Tu farai questo.
24. Mi dia il denaro!

IV—*Change to the singular*:

1. Noi diamo tutto.
2. Essi piacciono a tutti.
3. Voi non dite il vero.
4. Si seggano qui, signorine!

5. Che facciamo adesso?
6. Essi non stanno mai fermi.
7. Loro non dicono questo.
8. Voi mi davate del denaro.
9. Noi non facemmo niente.
10. Il dramma ci piacerà.
11. Esse dicevano una bugia.
12. Essi stettero zitti.
13. Avete detto questo voi?
14. Fate sempre il compito!

15. Essi danno il pane al bimbo.
16. Essi non diranno la verità.
17. Voi faceste quel viaggio.
18. Noi dicemmo tutto al babbo.
19. Facciamo colazione!
20. Dicano che ciò non è vero!
21. Ci siamo seduti in prima fila.
22. Non avete fatto quel lavoro?
23. Essi mi danno dei fiori.
24. A chi diceste questo?

V—*Replace each blank by the proper form of the verb indicated.*

		Pres.	Fut.	P. Pr.	P. Rem.	Imp.	Impvo.
piacere	tu	....	....	....	....	....	....
"	noi	....	....	....	....	....	....
stare	Lei	....	....	....	....	....	....
"	voi	....	....	....	....	....	....
dire	io	....	....	....	....	....	....
"	esse	....	....	....	....	....	....
fare	egli	....	....	....	....	....	....
"	noi	....	....	....	....	....	....
sedersi	io	....	....	....	....	....	....
"	voi	....	....	....	....	....	....
dare	essa	....	....	....	....	....	....
"	essi	....	....	....	....	....	....

VI—*Change the verbs in italics to the PRESENTE:*

1. Enrico *dirà* tutto alla mamma. 2. *Farete* anche voi la composizione? 3. Che cosa *daremo* agli amici? 4. *Starete* a lungo in campagna? 5. Voi vi *sederete* vicino a noi. Questo ritratto *piacerà* al nonno. 7. Sono sicuro che essi non *diranno* niente. 8. Giuseppe *farà* subito il compito. 9. Io *darò* tutto il denaro alla mia cara mamma. 10. Queste arance vi *piaceranno*.

VII—*Change the verbs in Exercise VI to the:*

A. *Passato Prossimo*   B. *Passato Remoto*   C. *Imperfetto*

VIII—*Translate the English verbs into Italian*:

1. Questi fiori *will be pleasing* alla mamma. 2. Melina *sat* là tutto la mattina. 3. Chi *gives* ai poveri *gives* a Dio. 4. Che cosa *were you doing* ragazzi, quando il maestro entrò? 5. *Don't you like* queste fotografie, Rosina? 6. Signorina, *do* questo favore a Giovanni! 7. Chi *told* al babbo che io non ero andato a scuola? 8. Ieri essi *gave* cinque dollari ad Enrico, ed a me niente. 9. *Did you give* (voi) del denaro ad Enrico? 10. Sono sicurissimo che egli *hasn't said* questo. 11. La domenica essi *do not stay* mai in casa. 12. Che cosa *were you saying*, ragazzi? 13. Essi *didn't do* nulla tutto il giorno. 14. *I liked* quella ragazza appena la vidi. 15. *Stay* qui un momento, per piacere, signora! 17. Noi *give* sempre a chi ha bisogno. 18. Raimondo *tells* sempre bugie. 19. Signorina Cornetta, per piacere *sit* vicino a me! 20. *I used to like* quel gioco.

XVI—The Irregular Verbs—III

Review the following verbs: (Refer to VERB TABLE)

udire	to hear	potere	to be able to, can, may
vedere	to see	volere	to want, to wish
sapere	to know	tenere	to keep, to hold, to have

EXERCISES

I—*Conjugate*:—**A**

1. Voglio cantare una canzone.
2. Io posso fare questo lavoro.
3. Io so bene la lezione.
4. Io odo ogni cosa.
5. Io saprò la verità.
6. Io vorrò andare al teatro.
7. Io non potrò venire subito.
8. Terrò l'anello per ricordo.
9. Io vedrò il quadro.
10. Io non vidi nulla.
11. Io seppi che cosa aveva fatto.
12. Io volli andare in campagna.
13. Io tenni la porta aperta.
14. Io ho visto ogni cosa.

B. 1. Vedi che cosa cè!
2. Possa tu essere sempre felice!
3. Sappi bene la lezione!
4. Tieni questo fiore in mano!

II—*Change to the plural:*

1. Egli ode bene.
2. Io ho saputo la poesia.
3. Tu vedrai la zia.
4. Egli non saprà nulla.
5. Essa vorrà parlare.
6. Non ho potuto farlo.
7. Tenga questo denaro!
8. Egli tiene tutto per sè.
9. Essa vede ogni cosa.
10. Essa vuole venire qui.
11. Io vedrò quel dramma.
12. Lei tenne la lettera.
13. Io tengo il libro in mano.
14. Vedesti tu quella signorina?
15. Io terrò il bimbo con me.
16. Egli non ha saputo recitare.
17. Essa sapeva che tu eri qui.
18. Io non so che cosa fare.
19. Tu volevi parlarmi?
20. Io non potevo parlare più.
21. Tu terrai questo per ricordo
22. Egli non sa ancora tutto.
23. Essa vide quella lettera.
24. Venga stasera, signore!

III—*Change to the singular:*

1. Voi udite male.
2. Loro hanno potuto farlo.
3. Noi vogliamo ballare.
4. Voi volevate dormire.
5. Noi non udiamo bene.
6. Essi hanno saputo tutto.
7. Essi vogliono mangiare.
8. Sappiamo che ciò è vero!
9. Esse vedranno le rose.
10. Voi saprete chi sono io.
11. Tenete questo cane!
12. Noi teniamo la corda.
13. Voi volete parlarmi?
14. Esse udivano ogni cosa.
15. Noi abbiamo visto il Presidente.
16. Voi non udirete nulla.
17. Essi sapevano dove tu eri.
18. Sanno essi che cosa hai fatto?
19. Voi non sapete nulla.
20. Loro potevano venire.
21. Noi sapremo chi ha detto ciò.
22. Essi vollero ritornare.
23. Voi tenete il denaro.
24. Noi vedemmo quelle fotografie.

IV—*Replace each blank by the proper form of the verb indicated:*

		Pres.	Fut.	P. Pr.	P. Rem.	Imp.	Impvo.
vedere	Lei	......	......	......	......	......	......
"	noi	......	......	......	......	......	......
sapere	tu	......	......	......	......	......	......
"	esse	......	......	......	......	......	......
tenere	io	......	......	......	......	......	......
"	essi	......	......	......	......	......	......

		Pres.	Fut.	P. Pr.	P. Rem.	Imp.	Impvo.
udire	essa	....	....	....	....	....	....
"	essi	....	....	....	....	....	....
potere	tu	....	....	....	....	....	....
"	Loro	....	....	....	....	....	....
volere	io	....	....	....	....	....	....
"	noi	....	....	....	....	....	....

V—*Change the verbs in italics to the PRESENTE*

1. Egli *teneva* tutto ben conservato. 2. Da quel posto essi *vedevano* tutto. 3. Dall'ultimo banco non *udivo* bene la maestra. 4. Essi non *potevano* dire ciò. 5. Io non *sapevo* bene la lezione. 6. Tu non *volevi* fare il compito. 7. Voi non *sapevate* la poesia. 8. Tu non *potevi* venire così tardi. 9. Non *volevamo* farci il bagno. 10. *Vedeva* bene egli da quel posto?

VI—*Change verbs in Exercise V to the:*
A. *Futuro*   B. *Passato Prossimo*   C. *Passato Remoto.*

VII—*Translate the English verbs into Italian:*

1. Che cosa *want* quelle ragazze? 2. Giovanni *kept* ogni cosa per sè. 3. Noi *wanted* partire prima di sera. 4. Caro mio, tu *don't know* proprio nulla! 5. Noi *used to see* Giorgio ogni sera. 6. Appena *I saw* la sua faccia *I knew* che egli aveva vinto. 7. *Don't you want* fare questo per me, Giulio? 8. Essi *knew* subito che ciò non era vero. 9. Che cosa *did he see* in quella scatola? 10. Voi *will never know* dove è nascosto il tesoro. 11. Ieri egli *wanted* andare in campagna per forza. 12. Noi *cannot* fare ogni cosa in fretta. 13. *I was holding* il bambino per la mano. 14. Anche voi *will see* i ritratti domani. 15. *Let them keep* il denaro; un giorno pagheranno! 16. *He doesn't want* mangiare perchè non ha fame. 17. *May* il Buon Dio benedirvi tutti! 18. Noi *shall hold* la corda da questo lato. 19. Stasera *we shall see* un bel dramma. 20. Sono sicuro che essi *will want* restare per diversi giorni.

XVII—The Irregular Verbs—IV

Review the following verbs: (Refer to VERB TABLE)

leggere	to read
scrivere	to write
correggere	to correct
condurre (1)	to lead, to conduct, to take (someone to some place)
tradurre (1)	to translate
nascere(2)	to be born

NOTE: (1) In conjugating *condurre* and *tradurre* the old forms *conducere* and *traducere* are used.

(2) Usually only in the *Passato Prossimo* are all forms used. In the other tenses, only the forms of the 3rd person singular and plural are commonly used.

EXERCISES

I—*Conjugate:* — **A**

1. Io ho letto quel libro.
2. Io lessi la tua poesia.
3. Io ho scritto al direttore.
4. Io scrissi agli amici.
5. Io ho corretto tutte le la parole.
6. Io corressi il compito.
7. Conduco il cane a passeggio.
8. Io lo condurrò a passeggio.
9. Io condussi la mamma al teatro.
10. Io traduco la frase.
11. Io ho tradotto le parole.
12. Io tradussi il brano in francese.
13. Io sono nato a New York.

B) 1. Traduci questa parola!
2. Leggi ad alta voce!
3. Scrivi con la penna!
4. Correggi gli errori!
5. Conduci il bambino al parco!

II—*Change to the plural:*

1. Egli legge bene.
2. Quando sei nata tu?
3. Essa ci condusse qui.
4. Che cosa traducevi tu?
5. Che cosa hai letto?
6. Tradurrai la frase?
7. Egli scrisse agli amici.
8. Essa scriveva in italiano.

9. Ieri io lessi male.
10. Perchè non mi hai scritto?
11. Dove mi conduci ora?
12. Egli corresse lo sbaglio.
13. Più tardi leggerò il libro.
14. Hai condotto Carlo a casa?

15. Leggesti la poesia?
16. Corregga la frase, signorina!
17. Egli non tradusse bene.
18. Leggi ad alta voce!
19. Lo conduca fuori!
20. Hai corretto il compito?

III—*Change to the singular*:

1. Noi correggemmo le frasi.
2. Leggano piano, per favore!
3. Noi non scrivemmo nulla.
4. Conducetemi fuori!
5. Voi leggete poco.
6. Noi traduciamo le parole.
7. Quando nacquero essi?
8. Non correggete il compito!
9. Noi siamo nati qui.
10. Essi hanno letto il libro.

11. Avete tradotto quella pagina?
12. A chi avete scritto?
13. Essi lessero quelle poesie.
14. Condurrete la zia qui?
15. Dove conduceste il nonno?
16. Loro correggevano le parole.
17. Che cosa leggevano esse?
18. Noi scriveremo a tutti.
19. Conducevano l'asino a bere.
20. Leggano quei libri!

IV—*Replace each blank by the proper form of the verb indicated*:

		Pres.	Fut.	P. Pr.	P. Rem.	Imp.	Impvo.
scrivere	essi	....	....	....	....	....	....
"	tu	....	....	....	....	....	....
leggere	noi	....	....	....	....	....	....
"	egli	....	....	....	....	....	....
condurre	Loro	....	....	....	....	....	....
"	io	....	....	....	....	....	....
correggere	voi	....	....	....	....	....	....
"	essa	....	....	....	....	....	....
tradurre	esse	....	....	....	....	....	....
"	egli	....	....	....	....	....	....

V—*Change the verbs in italics to the:*

   A. *Futuro*   B. *Passato Prossimo*   C. *Passato Remoto*
                         D. *Imperfetto.*

   1. Gaetano *scrive* a suo fratello. 2. Vincenzo e Luigi *leggono* molto bene. 3. Tu ed io *traduciamo* meglio degli altri. 4. Voi non *correggete* tutti gli sbagli. 5. Dove *conducono* quel povero animale? 6. Essi *scrivono* l'italiano molto bene. 7. Tu non *leggi* correttamente. 8. Egli *traduce* bene dall'inglese all'italiano. 9. Io *correggo* la composizione. 10. Egli vi *conduce* alla stazione.

VI—*Translate the English verbs into Italian:*

   1. Tutte le strade *lead* a Roma. 2. *Haven't you written* ancora quella lettera, Rosina? 3. Io *was born* il venti luglio. 4. Ieri Maria *read* meglio di tutti. 6. Signori, *write* in inchiostro, per piacere! 7. *Will you take* la mamma a teatro, babbo? 8. Il mese scorso *he wrote* cinque lettere. 9. Egli *will not translate* le parole perchè non le capisce. 10. Garibaldi *was born* nel 1807. 11. Io *will translate* questo brano prima di te. 12. Paolo, *read* lentamente, per piacere! 13. Essi *took* gli studenti a visitare il museo. 14. Noi *were reading* per passare il tempo. 15. Ieri la maestra *corrected* gli errori degli alunni. 16. Non ricordi quando *you were born*, nonnina cara? 17. Essi *have translated* già quindici pagine.

XVIII—The Irregular Verbs—V

Review the following verbs: (Refer to VERB TABLE)

bere (bevere)	to drink	esprimere	to express
cadere	to fall	rompere	to break
crescere	to grow	vivere	to live

EXERCISES

I—*Conjugate:*

1. Io bevo molta acqua.
2. Io cresco sano e forte.
3. Io non cado mai.

4. Io rompo qualche piatto.
5. Io esprimo bene le mie idee.
6. Io vivo contento.

II—*Repeat Exercise I using the:* A. *Passato Prossimo* B. *Passato Remoto* C. *Imperfetto* D. *Imperativo* (Begin with *tu* form).

III—*Change to the plural:*

1. La pianta crebbe subito.
2. Egli ha espresso la sua idea.
3. Egli esprime la sua opinione.
4. Cada pure, non m'interessa!
5. Beva del latte, signore!
6. Anche tu crescerai!
7. Io non bevvi molto caffè.
8. Sei caduta, bambina?
9. L'albero crescerà?
10. Hai rotto tu la penna?
11. La mela cadde dall'albero.
12. Tu berrai del vino.
13. Egli vivrà cent'anni!
14. Essa visse felice.
15. Egli ruppe il bicchiere.
16. Non rompa il bicchiere!
17. Egli espresse la sua idea.
18. Egli è vissuto contento.
19. Quel ragazzo cadrà.
20. Ha vissuto una vita felice.

IV—*Change to the singular:*

1. Noi vivemmo là due anni.
2. Essi berranno della birra.
3. Voi vi esprimete male.
4. Noi siamo vissuti contenti.
5. Essi sono caduti poco fa.
6. Voi rompete ogni cosa.
7. Non bevano questo vino!
8. Che cosa avete rotto?
9. Voi rompevate ogni cosa.
10. Non cadete, ragazzi!
11. Voi crescete con me.
12. Noi ci siamo espressi bene.
13. Voi bevete troppa acqua.
14. Cadeste anche voi?
15. Esprimano i Loro pensieri, signori!
16. Essi non bevono nulla.
17. Voi vivrete a lungo.
18. Noi cademmo mentre correvamo.
19. Noi non rompemmo nulla.
20. Come siete cresciute!

		Pres.	Fut.	P. Pr.	P. Rem.	Imp.	Impvo.
cadere	tu	....	....	....	....	....	....
"	Loro	....	....	....	....	....	....
esprimere	io	....	....	....	....	....	....
"	essi	....	....	....	....	....	....
vivere	Lei	....	....	....	....	....	....
"	noi	....	....	....	....	....	....

		Pres.	Fut.	P. Pr.	P. Rem.	Imp.	Impvo.
bere	essa	....	....	....	....	....	....
"	voi	....	....	....	....	....	....
crescere	egli	....	....	....	....	....	....
"	esse	....	....	....	....	....	....
rompere	essa	....	....	....	....	....	....
"	essi	....	....	....	....	....	....

VI—*Change the verbs in italics to the*:

A. *Futuro*　　B. *Imperfetto*　　C. *Passato Prossimo*
D. *Passato Remoto.*

1. Carlino *cade* dal letto. 2. Egli esprime bene quel che *pensa*.
3. Voi *vivete* tranquilli in questa casa. 4. Che cosa *bevete* durante
il pranzo? 5. L'erba *cresce* presto nel prato. 6. Io *rompo* una riga.
7. Queste ragazze *cadono* spesso. 8. Essi *vivono* bene in campagna. 9. Il signor Mirabella non *beve* liquori. 10. Voi *rompete*
tutte le bacchette.

VII—*Translate the English verbs into Italian*:

1. Giovanni *broke* la mia bicicletta. 2. Voi *have broken* i miei
pattini. 3. L'anno scorso egli *fell* e *broke* (reflex.) una gamba.
4. Quando parlò egli *expressed* la sua emozione. 5. Garibaldi *lived*
settantacinque anni. 6. Se tu *haven't fallen*, perchè piangi?
7. Voi, ragazze, *have grown* insieme. 8. I ragazzi *broke* molte tazze
iersera. 9. Icri egli *drank* un litro di vino. 10. Esse *used to live*
insieme. 11. I suoi occhi *expressed* un vivo dolore. 12. Se camminate lentamente *you will not fall*. 13. Tu *will break* (reflex.)
la testa se non stai attento. 14. Il denaro *doesn't fall* dal cielo.
15. Mangiate bene e *you will grow* forti e robusti. 16. Le foglie
fall durante l'autunno. 17. L'anno venturo *we shall live* con la
zia Lucia. 18. Essi *will not drink* più birra. 19. Le piante *grew*
in pochi mesi. 20. Io *have not expressed* ancora i miei desideri.

XIX—The Irregular Verbs—VI

Review the following verbs: (Refer to VERB TABLE)

mettere   to put (mettersi — to wear; mettersi a —to begin)
rispondere   to answer
piangere   to cry, to weep
stringere   to hold tight, to grasp, to squeeze (stringere la mano — to shake hands)
dipingere   to paint, to depict
giungere   to arrive, to reach

EXERCISES

I—*Conjugate*:

1. Io ho messo il libro sul tavolo.
2. Io ho risposto correttamente.
3. Io ho pianto un po'.
4. Io ho stretto la mano al Presidente Truman.
5. Io ho dipinto un bel quadro.
6. Io sono giunto in ritardo.
7. Io misi il compito sul banco.
8. Io non risposi bene.
9. Io non piansi affatto.
10. Io strinsi la lettera nella mano.
11. Io dipinsi quel paesaggio.
12. Io non giunsi in tempo.

II—*Change to the plural*:

1. Ha messo le mani in alto.
2. Hai dipinto quel quadro?
3. Io strinsi il fiore nella mano.
4. Risponda subito, signorina!
5. Dove ho messo la penna?
6. Tu hai risposto molto bene.
7. Lei si metterà il soprabito.
8. Tu dipingerai il mio ritratto.
9. Egli dipinge molto bene.
10. Tu risponderai proprio male.
11. Metta qui la borsetta!
12. Essa giunse prima di noi.
13. Stringi la mano al babbo!
14. Dove ha messo il compito?
15. Io non piansi affatto.
16. Egli è giunto in ritardo.
17. Essa ha risposto all'amica.
18. Egli rispose alla domanda.
19. Tu hai stretto la bambola.
20. Anche Lei pianse.

III—*Change to the singular*:

1. Voi piangeste inconsolabilmente.
2. Dipingano in pace, signori!
3. Voi avete messo tutto in disordine.
4. Voi vi metteste a scrivere.

5. Essi sono giunti a Filadelfia.
6. Noi dipingemmo malissimo.
7. Essi rispondevano perfetta-
mente.
8. Dove avete messo le mie
scarpe?
9. Oggi essi hanno pianto molto.
10. Anche noi rispondemmo
male.
11. Voi giungerete in ritardo.
12. Essi dipinsero diversi quadri.
13. Non abbiamo risposto anche
noi?
14. Piangete, perchè avete torto!
15. Voi giungeste verso le dieci.
16. Rispondano bene, per piacere!
17. Noi abbiamo messo tutto qui.
18. Essi mi strinsero la mano.
19. Voi vi metterete le soprascarpe.
20. Essi giunsero all'ora esatta.

IV—*Replace each blank by the proper form of the verb indicated:*

		Pres.	Fut.	P. Pr.	P. Rem.	Imp.	Impvo.
mettersi	tu	....	....	....	....	....	....
"	esse	....	....	....	....	....	....
rispondere	Lei	....	....	....	....	....	....
"	noi	....	....	....	....	....	....
stringere	egli	....	....	....	....	....	....
"	voi	....	....	....	....	....	....
dipingere	io	....	....	....	....	....	....
"	Loro	....	....	....	....	....	....
piangere	essa	....	....	....	....	....	....
"	noi	....	....	....	....	....	....
giungere	egli	....	....	....	....	....	....
"	essi	....	....	....	....	....	....

V—*Replace the verbs in italics by the PASSATO PROSSIMO and
by the PASSATO REMOTO:*

1. Mariuccia non *piangerà* più. 2. Esse *mettono* ogni cosa in
ordine. 3. Che cosa *stringe* egli nella mano sinistra? 4. Noi
rispondevamo sempre ad alta voce. 5. Tu non *dipingi* ancora bene
abbastanza. 6. Dove *metteremo* tutti quei fiori? 7. Questi ragazzi *piangono* proprio per nulla. 8. Tu non *giungerai* prima di
sera. 9. Quell'artista *dipingerà* il mio ritratto. 10. Egli *domanda*,
ma io non *rispondo*.

VI—*Translate the English verbs into Italian*:

1. La zia *has not answered* alla nostra lettera. 2. Quando lo vidi *I held him tight* fra le mie braccia. 3. Dove *have I put* i miei occhïali? 4. Essi *did not answer* perchè non sapevano la risposta. 5. La signorina *was painting* un panorama bellissimo. 6. Quando io *reached* là essa era già partita. 7. Tu hai gli occhi rossi; si vede che *you have cried*. 8. *Don't cry*, signorina; il sole risplenderà! 9. Che bel quadro! Chi *has painted it?* 10. Esse *have reached* stamattina alle nove. 11. Elena ed Anna *put* tutte le stanze in ordine. 12. *Don't answer* adesso, per piacere, signori! 13. Michelangęlo *painted* dei quadri magnifici. 14. *Put* tutto in quel cassetto, signorina Miele! 15. Essi *cried* quando ricevettero quella brutta notizia.

XX—The Irregular Verbs—VII

Review the following verbs: (Refer to VERB TABLE)

accorgersi	to notice, to perceive, to become aware
spegnere (spengere)	to extinguish, to put out (a light, fire, etc.)
togliere	to take from, to take away, to take off
togliersi	to take off or remove (usually one's clothing)
cogliere	to gather, to pick, to catch
vincere	to win

EXERCISES

I—*Conjugate*:

A

1. Io spengo la lampada.
2. Io rimango in casa.
3. Io mi accorgo di tutto.
4. Io colgo i fiori.
5. Io tolgo i libri dal tavolo.
6. Io non vinco mai.

B

1. Io mi sono accorto di tutto.
2. Io ho spento la luce.
3. Io ho vinto questa volta.
4. Io sono rimasto solo.
5. Io ho colto molti fiori.
6. Io ho tolto il coltello al bambino.

C

1. Io non mi accorsi che tu eri qui.
2. Io spensi il fuoco.
3. Io non rimasi solo quella sera.
4. Io tolsi il denaro al bimbo.
5. Io colsi delle pere.
6. Io vinsi il secondo premio.

D

1. Accorgiti di ciò che succede!
2. Spegni le lampade!
3. Rimani in casa tutto il giorno!
4. Togli la forchetta a Rosina!
5. Cogli delle mele!
6. Vinci la partita!

II—*Change to the plural:*

1. Essa si accorse di me.
2. Io mi accorgerò di essa.
3. Tu non vincevi mai.
4. Egli spense la luce.
5. Tu ti toglierai la giacca.
6. Egli rimane con voi.
7. Io mi tolsi il cappello.
8. Essa rimarrà in campagna.
9. Tu non ti sei accorto di nulla!
10. Spenga la lampada!
11. Io mi accorsi dello sbaglio.
12. Essa coglieva i frutti.
13. Egli vinse la gara.
14. Io ho colto l'uva.
15. Si tolga il soprabito!
16. Egli colse le arance.
17. Togliti la giacca!
18. Dove rimanesti tu?
19. Vinca questa partita!
20. Egli è rimasto contento.

III—*Change to the singular:*

1. Noi abbiamo spento la candela.
2. Essi vinceranno di certo.
3. Non vi accorgeste di Enrico?
4. Voi vi toglieste il cappello.
5. Noi non vincemmo niente.
6. Colgano quei fiori!
7. Si accorgano di questo!
9. Mi avete tolto un dollaro.
10. Noi spegnemmo il fuoco.
11. Voi spegnevate le luci.
12. Esse spegneranno i lumi.
13. Essi rimasero dentro.
14. Rimangano con noi!
15. Non cogliete quelle rose!
16. Esse si tolsero i guanti.
17. Noi spegniamo il fuoco.
18. Loro hanno vinto tre premi.
19. Essi si toglieranno le scarpe.
20. Noi rimanemmo fuori.

IV—*Replace each blank by the proper form of the verb indicated:*

		Pres.	Fut.	P. Pr.	P. Rem.	Imp.	Impvo.
accorgersi	essa	....	....	....	....	....	....
"	noi	....	....	....	....	....	....
togliere	egli	....	....	....	....	....	....
"	voi	....	....	....	....	....	....
vincere	tu	....	....	....	....	....	....
"	essi	....	....	....	....	....	....
rimanere	io	....	....	....	....	....	....
"	esse	....	....	....	....	....	....
cogliere	Lei	....	....	....	....	....	....
"	Loro	....	....	....	....	....	....
spegnere	io	....	....	....	....	....	....
"	voi	....	....	....	....	....	....

V—*Change the verbs in italics to the:*

A. *Presente*   B. *Passato Prossimo*   C. *Passato Remoto*
D. *Futuro*

1. Le ragazze *spegnevano* tutte le lampade.   2. Isabella si *toglieva* le soprascarpe.   3. Noi *vincevamo* spesso quella gara. 4. Teresina *rimaneva* in campagna ogni sabato.   5. Che cosa *coglievi* tu di nascosto?   6. Voi non vi *accorgevate* del denaro mancante. 7. Io *spegnevo* sempre le candele.   8. I ragazzi *toglievano* i dolci alle bambine.   9. Io non *rimanevo* mai dopo delle undici.   10. Le mie cugine *coglievano* un fascio di rose.

VI—*Translate the English verbs into Italian:*

1. Se tu *remain* io *remain* con te.   2. Io am *convinced* che essi *will win*.   3. Il babbo *did not notice* che era così tardi quando ritornai.   4. Le tue cugine *have picked* molti garofani.   5. Le mie maestre *remained* contente di ciò che avevo fatto.   6. Ragazzi, *take off* (reflex.) i cappelli! Sapete chi *won* la corsa ciclistica? 8. La mamma *has not noticed* ancora che abbiamo mangiato la torta. 9. Noi *light* il fuoco ed essi lo *put out*.   10. *Will you remain* qui a lungo, signori?   11. Tutti *took off* (reflex.) il cappello davanti al morto.   12. Fammi vedere che cosa *you have won*, Rosanna!

13. Iersera essi *put out* la luce per non farsi vedere.   14. Chi *has picked* tutti questi fichi?   15. Per piacere, *remain* ancora un po' signorina!   16. *Put out* le sigarette, signori!   17. Esse *will notice* sicuramente della tua assenza. (reflexive)   18. Chi *has taken away* i libri che erano qui?   19. Esse *have remained* con noi tutta la giornata.   20. Che cosa *are they picking?*

XXI—The Irregular Verbs—VIII

Review the following verbs: (Refer to VERB TABLE)

accendere	to light	ridere	to laugh
chiudere	to close, to shut	scendere	to descend, to come down
correre	to run	spendere	to spend
dividere	to divide	offendere	to offend
prendere	to take	difendere	to defend
radere (or radersi)	to shave	rendere	to give back, to render

NOTE: Don't be alarmed by the number of verbs in this lesson. The *past participle* and the *passato remoto* of all the above verbs are formed in exactly the same manner.

I—*Conjugate*:

A

1. Io accesi il lume.
2. Io chiusi il libro.
3. Io corsi a casa.
4. Io divisi la torta.
5. Io presi il pezzo più grande.
6. Io mi rasi di fretta.
7. Io resi il denaro a Paolo.
8. Io scesi di corsa.
9. Io risi di tutto cuore.
10. Io difesi il poverello.
11. Io non offesi quella signora.
12. Io non spesi molto.

B

1. Io ho acceso il fuoco.
2. Io ho chiuso la porta.
3. Io ho corso con gli altri.
4. Io ho diviso la pera.
5. Io ho preso delle fragole.
6. Io mi sono raso poco fa.

7. Io ho reso il libro a Giannina.
8. Io sono sceso subito.
9. Ho riso moltissimo.
10. Io ho speso soltanto un dollaro.
11. Io ho difeso l'amico.
12. Io non ho offeso quel signore.

II—*Change to the plural:*

1. Egli è sceso di fretta.
2. Egli accese la luce.
3. Tu hai riso molto.
4. Tu non chiudesti il cassetto.
5. Essa mi ha reso il dollaro.
6. Essa corse con noi.
7. Egli si è raso due volte.
8. Io divisi il pane.
9. Io non ho perso nulla.
10. Rendi il libro a Luigi!
11. Quanto spese lo zio?
12. Non difenda Suo fratello!
13. Io scenderò subito.
14. Essa riderà molto.
15. Egli si radeva ogni giorno.
16. Accenda quella lampada!
17. Io non ho acceso il sigaro.
18. Chiuda l'armadio!
19. Tu ridi sempre.
20. Non prendere quel piatto!
21. Egli prenderà le bottiglie.
22. Essa prendeva la carta.
23. Non difendesti la cugina?
24. Essa non offese l'amica.
25. Non mi hai difeso tu?

III—*Change to the singular:*

1. Noi accenderemo il fuoco.
2. Voi non correvate mai.
3. Si radano più tardi!
4. Noi abbiamo chiuso la finestra.
5. Sono scese anch'esse?
6. Voi avete corso troppo.
7. Rendeste voi i libri ad Olga?
8. Loro hanno diviso il guadagno.
9. Non correte più, bambini!
10. Scendete subito!
11. Essi offesero quella signora.
12. Perchè avete speso tanto denaro?
13. Essi hanno acceso la lampada.
14. Noi scendemmo insieme.
15. Essi non risero affatto.
16. Esse chiuderanno i libri.
17. Essi dividevano tutto.
18. Noi ci radiamo ogni sera.
19. Dividano le arance con me!
20. Ridano anche Loro, signorine!
21. Essi si rasero di mattina.
22. Noi prendemmo il caffè.
23. Noi difendemmo quel ragazzo.
24. Noi abbiamo difeso la patria.
25. Non spendete troppo, ragazze!

IV—*Replace each blank by the proper form of the verb indicated:*

		Pres.	Fut.	P. Pr.	P. Rem.	Imp.	Impvo.
accendere	noi	....	....	....	....	....	....
"	Lei	....	....	....	....	....	....
chiudere	essi	....	....	....	....	....	....
"	io	....	....	....	....	....	....
rendere	Loro	....	....	....	....	....	....
"	tu	....	....	....	....	....	....
prendere	egli	....	....	....	....	....	....
"	esse	....	....	....	....	....	....
scendere	voi	....	....	....	....	....	....
"	essa	....	....	....	....	....	....
correre	essi	....	....	....	....	....	....
"	tu	....	....	....	....	....	....
dividere	esse	....	....	....	....	....	....
"	io	....	....	....	....	....	....
ridere	Lei	....	....	....	....	....	....
"	Loro	....	....	....	....	....	....
radersi	egli	....	....	....	....	....	....
"	noi	....	....	....	....	....	....
spendere	voi	....	....	....	....	....	....
"	Lei	....	....	....	....	....	....
offendere	essi	....	....	....	....	....	....
"	io	....	....	....	....	....	....
difendere	esse	....	....	....	....	....	....
"	tu	....	....	....	....	....	....

V—*Replace the verbs in italics by the PASSATO PROSSIMO and PASSATO REMOTO.*

1. Lo zio Vincenzo *scende* le scale lentamente. 2. Le ragazze *chiuderanno* tutte le finestre. 3. Quel ragazzo *corre* come una lepre. 4. Tu ed io *divideremo* tutto il denaro guadagnato. 5. Perchè non *prendete* anche questo pacco? 6. Egli *difende* sempre i deboli. 7. Io mi *rado* quando ti *radi* tu. 8. Gli alunni *ridono* quando io *racconto* quel fatto. 9. Io ti *renderò* i libri e tu mi

rendevi la penna. 10. Quelle donne *spendono* troppo per i loro abiti. 11. Tu *accenderai* la lampada ed egli *chiuderà* la porta. 12. Noi non *offendiamo* mai i poveri.

VI—*Translate the English verbs into Italian:*

1. Il babbo *used to shave* ogni due giorni, ma ora *shaves* ogni giorno. 2. Lo zio *has spent* mille dollari per quell'automobile. 3. *Light* il fuoco! Non sentite freddo? 4. Chi *has taken* il gesso che era qui? 5. I nostri atleti *defended themselves* con coraggio. 6. Tutti *are laughing. Laugh* anche Lei, signorina! 7. Quando parlai io tutti *closed* la bocca. 8. Chi *has defended* quella povera signora? 9. Mariuccia, perchè *have you come down* di corsa? 10. I pellegrini *have lit* tutte quelle candele. 11. Essi *spent* tutto il loro denaro in cose inutili. 12. Oggi *I shave* con un rasoio nuovo. 13. Essi *did not give back* tutto il denaro al padrone. 14. Vi manca il respiro; si vede che *you have run.* 15. I ragazzi *laughed* quando il maestro raccontò quella storiella. 16. Ti assicuro che egli *has not offended* tuo cugino. 17. Carlo, *have you closed* bene la porta? 18. Appena li chiamai essi *came down.* 19. Noi *have divided* il melone in sei parti uguali. 20. Il barbiere *shaved* sei clienti in un'ora. 21. Grazie del servizio che *you have rendered* alla mamma. 22. Vincenzo *lit* una sigaretta e poi *went out.* 23. I ragazzi *took* i libri e *went out.* 24. Essi *did not run* perchè (they) *were* stanchi. 25. Se tu *don't laugh* oggi, non è sicuro che *you will laugh* domani.

XXII—Idiomatic Expressions

1. andare a piedi — *to go on foot, to walk (to)*
   Io vado a scuola a piedi ogni giorno.
   I walk to school every day.

2. andare a passeggio — *to go for a walk.*
   Noi andiamo a passeggio dopo la cena.
   We go for a walk after supper.

3. andare in chiesa — *to go to church*
   Esse vanno in chiesa ogni domenica.
   They go to church every Sunday.

4. andare a caccia —*to go hunting*
    Io vado a caccia nell'autunno.
    I go hunting in the fall.

5. coll'andare del tempo — *as time goes on, with time*
    Coll'andare del tempo voi imparerete molte cose utili.
    With time you will learn many useful things.

6. dare il buon giorno, la buona notte —*to say good morning, good night.*
    Prima di andare a letto io do la buona notte a tutti.
    Before going to bed I say good night to all.

7. dare su — *to face* (*in reference to windows, doors, etc.*)
    La mia finestra dà sulla piazza.
    My window faces the square.

8. dare un esame — *to take an examination*
    Oggi ho dato l'esame di matematica.
    Today I took my math examination.

9. farsi il bagno — *to take a bath*
    Quante volte la settimana ti fai il bagno?
    How many times a week do you take a bath?

10. farsi la barba — *to shave* (*oneself*)
    Il babbo si fa la barba ogni giorno.
    Dad shaves every day.

11. fare una visita — *to pay a visit*
    Ti farò una visita l'estate prossima.
    I shall pay you a visit next summer.

12. fare un regalo — *to give a gift*
    Mi hanno fatto molti regali il giorno del mio compleanno.
    They gave me many gifts on my birthday.

13. fare gli auguri — *to express one's good wishes*
    Andiamo a fare gli auguri alla zia Carolina!
    Let's go and express our good wishes to aunt Caroline.

14. fare una corsa — *to run a race, to have a race*
    Fate una corsa, ed al vincitore darò un premio.
    Have a race, and I shall give a prize to the winner.

15. fare una gita — *to go on an outing* or *on a trip*
    Il tempo è bello; possiamo fare una gita in campagna.
    The weather is fine, we can go on an outing to the country.

16. fare un viaggio — *to take a trip*
    Quando avrò denaro farò un viaggio attorno al mondo.
    When I have money I shall take a trip around the world.

17. fare compagnia (a) —*to keep company (to someone)*
    Melina resta in casa per fare compagnia alla mamma.
    Melina remains home to keep mother company.

18. fare un piacere *or* un favore — *to do a favor*
    Fammi un piacere: prestami cinque dollari!
    Do me a favor: lend me five dollars!

19. fare una fotografia a — *to take a picture of*
    Facciamo una fotografia a queste belle signorine!
    Let's take a picture of these charming young ladies!

20. fare una passeggiata — *to take a walk*
    Stasera faremo una bella passeggiata.
    Tonight we shall go for a nice walk.

21. fare un mestiere — *to be (in reference to trade)*
    Giorgio fa il sarto ed io faccio il calzolaio.
    George is a tailor and I am a shoemaker.

22. comprare all'ingrosso — *to buy wholesale*
    vendere al minuto — *to sell at retail*
    Egli compra all'ingrosso e vende al minuto.
    He buys wholesale and sells at retail.

23. stare in piedi —- *to stand, to be standing*
    Perchè stai in piedi; vuoi crescere ancora?
    Why are you standing; do you still want to grow?

24. stringere la mano (a) — *to shake hands (with)*
    Ogni volta che mi vede mi stringe la mano.
    Every time he sees me he shakes my hand.

25. imparare a memoria — *to learn by heart, to memorize*
    Ho imparato a memoria una bellissima poesia.
    I have learned by heart a very beautiful poem.

26. cercare di — *to try to*
    Cercherò di essere promosso con buoni punti.
    I shall try to be promoted with good marks.

27. esercitare una professione — *to practice a profession*
Egli esercita una professione molto lucrativa.
He practices a very lucrative profession.

28. avere da fare — *to be busy; to have to do*
Oggi non possiamo uscire perchè abbiamo molto da fare.
Today we can't go out because we are very busy.
Ho ancora da fare il compito.
I still have to do my homework.

29. mettersi a — *to begin to*
Dopo cena io mi metto a suonare il violino.
After supper I begin to play the violin.

30. ad un tratto — *suddenly, all of a sudden*
Ad un tratto essi si alzarono ed andarono via.
All of a sudden they got up and went away.

31. frequentare la scuola — *to attend school*
Quale scuola frequentate voi, ragazzi?
Which school do you attend, boys?

32. superare un esame — *to pass an examination*
Egli ha superato facilmente l'esame d'italiano.
He passed his Italian examination with ease.

33. sentirsi bene; sentirsi male — *to feel well; to feel sick*
Ho mangiato troppo, e adesso non mi sento bene.
I ate too much, and now I don't feel well.

34. stare bene; stare male —*to be well* (in good health); *to be sick*
     (in bad health)
Il nonno sta bene, ma la nonna sta male.
Grandfather is in good health, but grandmother is sick.

35. mettere in ordine — *to put in order*
Prima di uscire abbiamo messo tutto in ordine.
Before going out we have put everything in order.

36. mettere in disordine — *to upset*
Questo bambino ha messo tutto in disordine.
This child has upset everything.

37. mettersi in commercio — *to go into business*
Lo zio si è messo in commercio pochi mesi fa.
Our uncle went into business a few months ago.

38. gli affari vanno bene — *business is good*
39. gli affari vanno male — *business is bad*
40. giocare a dama — *to play checkers*
41. giocare alla palla — *to play ball*
42. giocare alla tombola — *to play lotto*
43. giocare a carte — *to play cards*
44. stare zitto — *to be quiet; to be silent*
    Sta' zitto quando parlo io!
    Be silent when I speak!
45. stare comodo — *to be comfortable*
    Stai comoda, Maria? — Sì, sto molto comoda, grazie.
    Are you comfortable, Mary? — Yes, I am very comfortable, thank you.
46. giocare a schacchi — *to play chess*

V. Magnani

Trivio di Porta Ravegnana in Bologna

THIRD YEAR

I—Use and Omission of the Definite and Indefinite Articles

USE OF THE DEFINITE ARTICLE

1. Before nouns of continents, countries, islands.
   Examples: L'Africa, la Francia, la Sicilia.

2. Before titles or profession followed by the proper noun.
   Examples: Il dottor Giangrande — Il professore D'Agostino — il conte Masella.
   NOTE: The definite article is *omitted* in direct address.
   Example: Dottor Barletta, s'accomodi, per piacere.

3. Before proper nouns preceded by an adjective.
   Examples: Il sapiente Socrate — La simpatica Elisabetta.

4. Before nouns used in a general sense.
   Examples: L'onestà è una virtù — La libertà è una cosa preziosa — L'oro è un metallo.

5. Before names of languages, except when the verb in the sentence is *parlare*.
   Example: Noi studiamo l'italiano e lo spagnuolo.
   BUT: Noi parliamo italiano.

6. Before possessive adjectives and pronouns. (Remember, however, that it is omitted when the possessive adjective comes before an unmodified member of the family or a relative. It is always used before *loro*.)
   Examples: I miei libri sono nuovi. — Il tuo amico non è venuto.
   BUT: Suo fratello è venuto poco fa.

7. It is often used before feminine proper nouns to denote familiarity.
   Examples: La Lucia è intelligente. — La Francesca non studia affatto.

8. In a series of nouns it must be repeated before each noun and must agree with it.
   Example: Ecco le penne ed i quaderni.

OMISSION OF THE DEFINITE ARTICLE

1. Before proper nouns followed by a numeral.
   Examples: Enrico Quarto — Vittorio Emanuele Secondo.
2. Before nouns in apposition.
   Example: Parigi, capitale della Francia . . .

OMISSION OF THE INDEFINITE ARTICLE

1. Before the words *cento* and *mille*.

2. Before nouns in apposition.
   Examples: Milano, città importante d'Italia . . .
   Giulio Bellozzi, ricco industriale . . .

3. Before an unmodified predicate noun.
   Examples: Egli è un professore di lingue.
   BUT: Egli è un buon professore di lingue.

4. Before nouns preceded by *che* or *quale* in exclamations.
   Examples: Che bel fiore! — Quale disgrazia!

5. Before nouns preceded by the preposition *da,* when *da* means *in the manner of, like.*
   Example: Egli parla da ragazzo intelligente.

II—The Gender of Nouns

I—NOUNS ENDING IN "A"

1. Nouns ending in *A* are usually feminine. However, there are several that are masculine. The following is a partial list:

il poeta	il diploma	il profeta
il poema	il panorama	il pianeta
il tema	il dramma	il Papa
il sistema	l'idioma	il duca
il problema		

2. The following is a partial list of nouns ending in *A* which are

masculine when referring to a man and feminine when referring to a woman:

Masc.	Femin.	Masc.	Femin.
il pianista	la pianista	il giornalista	la giornalista
il farmacista	la farmacista	il socialista	la socialista
l'organista	l'organista	il suicida	la suicida
il musicista	la musicista	il collega	la collega
l'artista	l'artista	l'idiota	l'idiota
il dentista	la dentista	l'atleta	l'atleta

3. The following nouns are feminine even though they usually refer to a man:

la guida	la spia	la sentinella
la recluta	la guardia	la vedetta

II—NOUNS ENDING IN "E"

1. Of the nouns ending in *E* some are masculine, some are feminine, and some are of both genders.
   Examples: il pane, il nipote, la classe, la nipote.

2. Masculine nouns referring to persons and ending in *IERE* form the feminine by changing the final *E* to *A*.
   Example: il cameriere, la cameriera.

3. Masculine nouns referring to persons and ending in *TORE* form the feminine by changing *TORE* to *TRICE*.
   Example: lo scrittore, la scrittrice.
   Exception: il dottore, la dottoressa.

III—NOUNS ENDING IN "I"

Most nouns ending in *I* are feminine. The following is a partial list:

la crisi	la metropoli	l'ipotesi
la tesi	la tubercolosi	la genesi
l'estasi	la diocesi	la paralisi
l'eclissi	la parentesi	l'analisi

BUT: il brindisi, il giurì.

IV—NOUNS ENDING IN "O"

Nouns ending in *O* are masculine. The following words, however, are feminine:

la mano, la radio, la dinamo.

PECULIARITIES OF GENDER

I—The following is a partial list of nouns having both a masculine and feminine form, but whose meaning is different:

Masculine	*Feminine*
1. il foglio — the sheet	la foglia — the leaf
2. il fodero — the sheath	la fodera — the lining
3. il mento — the chin	la menta — mint
4. il costo — the cost	la costa — the coast
5. il fine — the goal, aim	la fine — the end
6. il pianto — weeping	la pianta — the plant
7. il manico — the handle	la manica — the sleeve
8. il colpo — the blow	la colpa — the fault
9. il collo — the neck	la colla — the glue
10. il lotto — lottery	la lotta — the struggle
11. il modo — the manner	la moda — the style, fashion
12. il punto — the dot, place	la punta — the point
13. il fosso — the ditch	la fossa — the grave
14. il velo — the veil	la vela — the sail
15. il fronte — the front	la fronte — the forehead
16. il porto — the port	la porta — the door
17. il filo — the thread	la fila — the row
18. il buco — the hole	la buca — the mail box
19. lo scalo — the dock, pier	la scala — the stairs
20. il cero — the candle (large)	la cera — the wax

II—The following is a partial list of nouns which have irregular feminine forms:

1. lo studente — la studentessa
2. l'oste — l'ostessa
3. il barone — la baronessa
4. il principe — la principessa
5. il duca — la duchessa
6. il **conte** — la contessa

7. Il poeta — la poetessa
8. il presidente—la presidentessa
9. il leone — la leonessa
10. l'avvocato — l'avvocatessa
11. Il medico — la medichessa
12. il dottore — la dottoressa
13. l'eroe — l'eroina
14. il gallo — la gallina
15. il re — la regina
16. un dio — una dea

III—The following is a partial list of nouns having an entirely different word for the feminine: (You are familiar with most of them.)

1. l'uomo — la donna
2. il fratello — la sorella
3. il marito — la moglie
4. il babbo — la mamma
5. il padre — la madre
6. il padrino — la madrina
7. il compare — la comare
8. il maschio — la femmina
9. il genero — la nuora
10. il bue — la vacca or la mucca
11. il porco or il maiale — la scrofa
12. il montone — la pecora
13. il becco — la capra
14. il cane — la cagna
15. il frate — la suora

NOTE: The feminine of the adjective *celibe* (bachelor) is *nubile*.

IV—The following are TWO of several masculine nouns that do not have a feminine form:

il topo, il coniglio.

V—The following are a few of several feminine nouns that do not have a masculine form:

la volpe, la vipera, l'aquila, la balena, la pantera, la scimmia, la rondine, la lucertola.

VI—The following are masculine:

a) The months
b) The days of the week (except *la domenica*)
c) Names of mountains (except *le Alpi* and few others)
d) Names of lakes and rivers: (il Garda, il Tevere, etc. except some)

VII—The following are feminine:

a) Names of fruits ending in A (Those ending otherwise are masculine: *il fico*)

b) Names of islands: la Sicilia, l'Islanda

c) Names of countries are, for the most part, feminine. There are, however, several exceptions. The following is a partial list of countries that are masculine:

1. Gli Stati Uniti
2. Il Canadà
3. Il Messico
4. Il Brasile
5. Il Perù
6. Il Cile
7. Il Belgio
8. Il Portogallo
9. L'Egitto
10. Il Giappone

III—The Plural of Nouns and Adjectives

I All masculine nouns and adjectives form their plural by changing their singular ending to *I*.

Examples: il poeta — i poeti; il cane — i cani; il sarto — i sarti
Exception: il vaglia — i vaglia

II Feminine nouns ending in *A* change to *E*:
la fanciulla — le fanciulle
Feminine nouns ending in *E* change to *I*: la frase, le frasi
Feminine nouns ending in *I* do not change: la tesi, le tesi
Exceptions: The following two words do not change in the plural: *la specie — le specie; la serie — le serie*

III Nouns or adjectives ending in *IO*:

a) When the I is stressed *O* changes to *I*:
l'oblio — gli oblii

b) When the *I* is not stressed the *O* is dropped:
il bacio — i baci

IV Nouns and adjectives ending in *CA* and *GA* change to *CHI* and *GHI* to form the masculine plural, and to *CHE* and *GHE* to form the feminine plural.

Examples: il duca — i duchi; la barca — le barche; il collega — i colleghi; la bottega — le botteghe

V Nouns and adjectives ending in *ICO* change to *ICI*:
amico — amici; nemico — nemici

Exceptions: fico — fichi; manico — manichi; carico — carichi
rammarico — rammarichi; antico — antichi

VI Masculine nouns ending in *CO* (not *ICO*) and *GO* change to *CHI* and *GHI.*

Examples: il fuoco — i fuochi; il bosco — i boschi; il lago — i laghi; il dialogo — i dialoghi

Learn the following exceptions:

1. il greco — i Greci; 2. l'Austriaco — gli Austriaci; 3. il parroco —i parroci; 4. il porco — i porci; 5. il maniaco — i maniaci; 6. il monaco — i monaci; 7. l'equivoco — gli equivoci.

VII Feminine nouns ending in *CIA* and *GIA* with the *I* unstressed change to *CE* and *GE*: l'arancia — le arance; la ciliegia — le ciliege

Exceptions: la camicia — le camicie; l'audacia — le audacie; la ferocia — le ferocie

(Those with the *I* stressed follow the general rule).

PECULIARITIES OF THE PLURAL

I The following nouns have an anomalous plural:
il bue — i buoi; il Dio — gli dei; l'uomo — gli uomini; mille — mila (Notice the *GLI* in front of *dei.*)

II The following nouns are not used in the *singular:*
le nozze, gli sponsali, le forbici, le busse, gli spinaci, le mutande, le redini, gli annali

III The following nouns are not used in the *plural:*
il sangue, la fame, il miele, la prole

VI The following masculine nouns become feminine in the *plural:* (Notice that some have both a masculine and a feminine form but a different meaning).

1. l'uovo — le uova
2. il paio — le paia
3. il lenzuolo — le lenzuola
4. il dito — le dita
5. il riso — le risa (laughter) —i risi (rice)
6. il miglio — le miglia
7. il ciglio — le ciglia
8. il braccio — le braccia —i bracci (figurative)
9. il labbro — le labbra —i labbri (figurative)
10. il corno — le corna (of animals) — i corni (instruments)

11. il frutto — la frutta (at the table) i frutti
12. il muro — i muri — le mura (of a city)
13. il legno — i legni — le legna (fire wood)
14. il filo — i fili — le fila (figurative)
15. il centinaio — le centinaia
16. il migliaio — le migliaia
17. il grido — le grida
18. il membro — le membra (of body) — i membri (of a club)
19. l'osso — le ossa (of body) gli ossi

IV The following *do not change* in the plural:

a) Accented words: il caffè — i caffè
b) Monosyllabic nouns: il re — i re
c) Surnames: il Barletta — i Barletta
d) Nouns ending in a consonant: il gas — i gas
e) Nouns composed of a verb and a plural noun: il portalettere — i portalettere
f) Nouns ending in *I*: la tesi — le tesi

IV—Position and Peculiarities of Some Common Adjectives

I You have learned that in Italian the adjective usually follows the noun.
Examples: il cavallo bianco; la cugina americana

II The adjectives *questo, quello,* and *molto* (also *tutto* followed by the definite article) always precede the noun they modify.
Examples: Questo ragazzo è buono — Quel ragazzo è cattivo.

NOTE: Keep in mind that *quello* has several forms which are comparable to the contractions. (Do you remember them?)

III The following common adjectives usually precede the noun. However they FOLLOW the noun when accompanied by an adverb or when emphasis is desired.

bello	buono	grande	giovane	ricco
brutto	cattivo	piccolo	vecchio	povero
		santo		

NOTES: 1. *Bello,* like *quello,* has forms comparable to the contraction.

2. *Buono* becomes: *buon* in front of a singular masculine noun beginning with a vowel.
   buon' in front of singular feminine noun beginning with a vowel.

3. *Santo* and *grande* become: (1) *San* and *gran* before singular masculine nouns beginning with a consonant (except *S impura* or Z, in which case they remain unchanged). *Gran* is also used in front of a feminine noun beginning with a consonant.

(2) *Sant'* and *grand'* before singular nouns beginning with a vowel.

   When referring to an actual saint the word *Santo* always precedes the name of the saint. When referring to a person it always has a figurative meaning.

IV The following adjectives generally have a FIGURATIVE MEANING when placed BEFORE the noun, and a LITERAL MEANING when placed AFTER the noun:
   grande, piccolo, vecchio, nuovo, povero, dolce, gentile.

V The following indefinite adjectives are invariable and are used with singular nouns of either gender and may have a plural meaning:
   qualche — some, few

Examples: Qualche libro, qualche penna
   qualunque or qualsiasi — any, whatever.

Examples: Un libro qualunque; una penna qualsiasi.

V—Irregular Comparatives and Superlatives of Some Common Adjectives and Adverbs

I The following adjectives, IN ADDITION TO THE REGULAR FORMS, have irregular forms for the comparatives and superlatives:

Adjective	Comparat.	Relat. Superl.	Absol. Superl.
buono	migliore	il migliore	ottimo
cattivo	peggiore	il peggiore	pessimo
grande	maggiore (1)	il maggiore	massimo

piccolo	minore(2)	il minore	minimo (5)
alto	superiore (3)	il superiore	supremo, sommo(6)
basso	inferiore (4)	l'inferiore	infimo (7)
celebre	(regular)	(regular)	celeberrimo

NOTES: *on the meaning of some of the above words*:

(1) *Maggiore* does not mean *bigger*. It means *greater, older*
Examples: Giovanni è il maggiore dei fratelli.
Pirandello è uno dei maggiori scrittori italiani.

(2) *Minore* means *younger* or *minor*
Example: Ecco la mia sorella minore.

(3) *Superiore* means *higher, upper, superior, better,* but not *taller*
Examples: Essa abita al piano superiore.
Questo vino è superiore a quello.

(4) *Inferiore* means *lower, inferior,* but not *shorter*
Examples: Luigi abita al piano inferiore.
Questo è un vino inferiore.

(5) *Minimo* means *the least*
Examples: Questa è la minima cosa che tu possa fare per me.

(6) *Sommo, supremo* mean *highest, supreme, very great,* not *tallest*
Examples: Il Comando Supreme annunzia la vittoria.
Dante è il sommo poeta italiano.
Debbo dirti una cosa di somma importanza.

(7) *Infimo* means *the lowest* (in a disparaging sense), not *the shortest*
Example: Rubare è una delle più infime azioni.

II—The following adverbs have irregular comparatives and superlatives:

Adverb	*Comparative*	*Relat. Superl.*
bene (well)	meglio (better)	il meglio (1)
male (bad)	peggio	il peggio (1)
molto	più	il più (1)
poco	meno	il meno (1)

Absolute Superlative

| ottimamente, benissimo | massimamente, moltissimo |
| pessimamente, malissimo | minimamente, pochissimo |

(1) These words are generally used as substantives.
Example: È il meglio che tu possa fare.

I—*Following the example given, write the relative superlative of the following:*

Example: Ozioso (Paolo, ragazzi)
Paolo è il più ozioso dei ragazzi.

1. Noioso (mosca, insetti)
2. Bella (onestà, virtù)
3. Bassa (ingannare, azioni)
4. Piccola (Eleonora, sorelle)
5. Profumato (gardenia, fiori)
6. Buono (Vincenzo, scolari)
7. Grande (salute, beni)
8. Cattivo (quel ragazzo, compagni)
9. Fedele (cane, animali)
10. Veloce (aeroplano, macchine)

II—*Translate the English words in italics into Italian:*

1. Questo libro è *good,* ma quello è *better.* 2. Luigi parla l'italiano *well,* ma Anna lo parla *better.* 3. Ti auguro *the greatest* (two ways) felicità. 4. Questa penna scrive *exceedingly well* (two ways). 5. Quest'altra, invece, scrive *very badly* (two ways). 6. *The oldest* dei miei fratelli si chiama Giuseppe. 7. *The youngest* si chiama Aurelio. 8. Questo vino è di qualità *inferior.* 9. Quella casa è *lower than* questa. 10. Shakespeare era un poeta *exceedingly famous* (two ways). 11. Tu sei *taller* than lui, ma io sono *the tallest* di tutti voi. 12. Io canto *badly,* ma tu canti *worse;* infatti tu canti *very badly.* 13. Soltanto *the lowest* delle persone avrebbe potuto fare un'azione così *low.* 14. Verdi fu *the greatest* compositore italiano. 15. L'Empire State Building è *exceedingly tall;* infatti è *the tallest* palazzo in *the world...* 16. Hanno fatto *the greatest* (four ways) sacrificio dando la loro vita per la Patria. 17. Questa è una cosa *of the least* (two ways) importanza. 18. Quell'uomo ha *a very bad* (two ways) carattere. 19. Pietro non studia mai ed è *the worst in the class.* 20. Queste ciliege sono *exceedingly good* (two ways); infatti sono *the best* che io abbia mai mangiate.

VI—The Formation of Adverbs

1—Many adverbs are formed by adding *mente* to the *feminine singular* forms of the adjectives. Examples:

Adjective	Feminine form	Adverb
caro	cara	caramente
ricco	ricca	riccamente
dolce	dolce	dolcemente

Exception: leggiero (adj.) — leggermente (adv.)

II—Adjectives ending in *ale, ele, ile, ole, are* and *ore* drop the final *e* before adding -*mente*. Examples:

orale — oralmente   lodevole — lodevolmente
fedele — fedelmente   singolare — singolarmente
utile — utilmente   maggiore — maggiormente

III—There are several adjectives which are also adverbs. In such cases, of course, no change is necessary. However, an alternate form may be had by following the general rule. (See I above).

	Adj. & Adv.	Adverb
Examples:	piano	pianamente
	forte	fortemente
	alto	altamente
	basso	bassamente

EXERCISES

I—*Change the following adjectives into adverbs*:

1. generoso	11. allegro	21. breve	31. militare
2. crudele	12. folle	22. volgare	32. molle
3. triste	13. centrale	23. caldo	33. freddo
4. orale	14. intelligente	24. usuale	34. vile
5. difficile	15. mentale	25. peggiore	35. famigliare
6. speciale	16. amaro	26. orribile	36. orribile
7. lungo	17. probabile	27. nuovo	37. stupido
8. invariabile	18. onesto	28. mortale	38. terribile
9. favorevole	19. inevitabile	29. misero	39. grazioso
10. grande	20. mediocre	30. abile	40. nobile

II——*Translate the English words into Italian:*

1. Carlo è un ragazzo sincero. Egli parla *sincerely*. 2. Era ancora molto debole e parlava *weakly*. 3. Questo è un affare personale. Voglio farlo *personally*. 4. Come è garbato quel ragazzo! — Ci saluta sempre *courteously*. 5. Ho comprato un'automobile a rate mensili, e quindi pago *monthly*. 6. Queste poltrone sono comode. Possiamo sederci *comfortably*. 7. Questo lavoro è inutile. Dunque lavoriamo *uselessly*. 8. Il povero ragazzo era vestito molto *poorly*. 9. Il nostro maestro non è parziale. Egli ci tratta tutti *impartially*. 10. Questo è un problema differente e si deve risolvere *differently*. 11. Questa lezione è facile e la impareremo *easily*. 12. Essi vanno a letto *regularly* alle dieci. 13. *Finally* ho superato l'esame finale! 14. In Italia l'Orario Generale *generally* si compra. 15. Che signora elegante! Essa veste sempre *elegantly*! 16. Luigi è un ragazzo puntuale. Egli va a scuola *punctually*. 17. Come è genile, signorina! Lei fa tutto *gently*. 18. Essi erano felici e vissero *happily* per molti anni. 19. Com'è amorevole la mamma! Essa ci cura sempre *lovingly*. 20. Il mio amore per te è immenso. Ti amo *immensely*!

VII—The Conditional (*Il Condizionale*)

Present

avere	*essere*
io avrei	io sarei
tu avresti	tu saresti
egli avrebbe	egli sarebbe
noi avremmo	noi saremmo
voi avreste	voi sareste
essi avrebbero	essi sarebbero

comprare	*vendere*	*finire*
io comprerei	io venderei	io finirei
tu compreresti	tu venderesti	tu finiresti
egli comprerebbe	egli venderebbe	egli finirebbe
noi compreremmo	noi venderemmo	noi finiremmo
voi comprereste	voi vendereste	voi finireste
essi comprerebbero	essi venderebbero	essi finirebbero

The Past Conditional

The past conditional is formed by the present conditional of the auxiliary verb and the past participle of the desired verb.

Examples: io avrei comprato, tu avresti comprato, etc.

io sarei partito, tu saresti partito, etc.

The Conditional of Irregular Verbs

The present conditional of *ALL* verbs, *REGULAR* or *IRREGU-LAR,* is formed from the future. Simply drop the future endings:

Sing: -ò -ai -à
Plur: -emo, -ete -anno

and add the conditional endings:

Sing: -ei -esti -ebbe
Plur: -emmo -este -ebbero

	future	*conditional*
Examples	io verrò	io verrei
	tu saprai	tu sapresti
	noi berremo	noi berremmo

Uses of the Conditional

1. Broadly speaking the conditional is used in the same manner we use the words *should, would, ought to* and *could,* EXCEPT when the words *could* and *would* express a fulfilled or habitual action, or when the subjunctive is required.

Examples: *a*) Io dovrei fare il compito. — I ought to do my homework.

b) Essi verrebbero se avessero tempo. — They would come if they had time.

c) Essa potrebbe farlo facilmente. — She could do it easily.

BUT: *a*) She would not show me the pictures, meaning "she did not want to show me the pictures" is translated by: *Essa non volle mostrarmi le fotografie.*

b) He would study only at night. — *Egli studiava soltanto di sera.*

c) He could work only on Saturday, meaning "he was able and did work." *Poteva lavorare soltanto il sabato.*

2. The conditional is also used to express *possibility* or *probability* in someone else's opinion:

Example: Secondo lui, io sarei ricco.

According to him, I am rich.

EXERCISES

I—*Change the following sentences to the plural:*

1. Il ragazzo leggerebbe il libro. 2. Io accenderei la luce.
3. Essa aprirebbe la porta. 4. Tu vedresti quel dramma. 5. Essa romperebbe il bicchiere. 6. Lei coglierebbe quel fiore. 7. Egli correrebbe volentieri. 8. Io non potrei farlo. 9. Tu dovresti leggerlo. 10. Mi piacerebbe andarci.

II—*Change the following sentences to the singular:*

1. Voi lavereste i piatti. 2. Le mosche vi annoierebbero.
3. Noi li seguiremmo. 4. Essi riderebbero di più. 5. Noi non la udiremmo. Le sorelle rimarrebbero in casa. 7. Noi difenderemmo la patria. 8. Essi romperebbero i piatti. 9. Voi vivreste felici là. 10. Essi si laverebbero i capelli.

III—*Fill the blank spaces with the proper forms of the future and conditional of the infinitives given:*

		future		conditional	
1.	dovere	Lei .... Loro		Lei .... Loro	
2.	venire	egli .... essi		egli .... essi	
3.	bere	tu .... voi		tu .... voi	
4.	dire	io .... noi		io .... noi	
5.	sapere	essa .... esse		essa .... esse	
6.	tenere	egli .... essi		egli .... essi	
7.	andare	tu .... voi		tu .... voi	
8.	tradurre	io .... noi		io .... noi	
9.	volere	Lei .... Loro		Lei .... Loro	
10.	porre	essa .... esse		essa .... esse	

IV—Using exercise III above, replace the blank spaces by the *future anterior* and the *past conditional.*

V—*Translate the English words in italics into Italian:*

1. Se avessimo tempo noi *would go* in campagna. 2. Noi *could not go* perchè non avevamo tempo. 3. Non credete voi che *you ought to study* un po' di più? 4. Se avessi denaro *I would buy* il libro e *I would read it.* 5. Essi *should arrive* prima di sera. 6. Secondo i giornali, i due fratelli *are* pazzi. 7. Se essa fosse venuta noi *would have been* contentissimi. 8. Se essa venisse noi *would be* contentissimi. 9. Io *would not have done* tutto quel lavoro. 10. Gina ha i denti così belli che *she ought to smile* sempre. 11. Secondo quel che ho letto, gli aeroplani nemici *are* inferiori ai nostri. 12. Ora *we ought to sing* una bella canzone. 13. Se egli mi scrivesse *he would do me* un gran piacere. 14. Secondo te, egli *is* colpevole. 15. Se tu mi avessi scritto io *would have answered you.* 16. Io *would never interrupt* il babbo quando legge. 17. Le domandai dove fosse stata, ma *she could not answer me.* 18. Se egli fosse soldato essa *would love him* di più. 19. Voi *should respect* i maestri, non vi pare? 20. Ti ricordi che ti invitai e tu *would not come?*

VIII—The Double Object Pronouns

We have already learned that the direct and indirect object pronouns are placed before the verb. (Loro, of course, is an exception, and always follows the verb).

We have also learned that in the AFFIRMATIVE IMPERATIVE forms of *TU, NOI,* and *VOI* the pronouns are attached to the end of the verb.

The same rules apply to the double pronouns. Keep in mind, however, that with the affirmative imperative both the verb and the two pronouns are written as ONE WORD.

Examples: *Datemi il libro*   becomes *Datemelo.*
           Porta la penna a Elena becomes *Portagliela.*

But: *Date loro la penna*   becomes *Datela loro.*

NOTE: When the pronouns *mi, ci, lo, la, le, li* and *ne* are attached to the verb forms *da'* and *fa'* they double their initial consonant. Examples: *dammi, dammelo, facci, fallo,* etc. You are now asked to memorize the TABLE OF DOUBLE PRONOUNS found on the next page.

TABLE OF DOUBLE PRONOUNS

MEANING	IT (m.) HIM	IT (f.) HER	THEM (m.)	THEM (f.)	Some of, or about it, him, her, them
to me	me lo	me la	me li	me le	me ne
to you (tu)	te lo	te la	te li	te le	te ne
to you (Lei)	Glielo	Gliela	Glieli	Gliele	Gliene
to him, her	glielo	gliela	glieli	gliele	gliene
to us	ce lo	ce la	ce li	ce le	ce ne
to you (voi)	ve lo	ve la	ve li	ve le	ve ne
to you (Loro)	lo (verb) Loro	la . . . Loro	li . . . Loro	le . . . Loro	ne . . . Loro
to them	lo . . . loro	la . . . loro	li . . . loro	le . . . loro	ne . . . loro
to himself to herself to themselves	se lo	se la	se li	se le	se ne

NOTE: 1) The indirect pronoun always precedes the direct except in the case of *LORO* which, as you know, always follows the verb.

2) All the above double pronoun forms sometimes have the meaning of *for* instead of *to*.

Examples: Il sarto mi fa il vestito. Il sarto me lo fa.
The tailor is making the suit for me. The tailor is making it for me.

EXERCISES

Replace the words in italics by appropriate pronouns. Rewrite the sentences.

A. 1. Noi porteremo *i fiori ad Elvira.* 2. Essa venderà *la casa al signor Linguacorta.* 3. Essi porteranno *le ciliege alla zia.* 4. Io *ti* darò *lo zero.* 5. Io *vi* darò *degli zeri.* 6. Luigi *ci* comprerà *della birra.* 7. Noi daremo *i premi ai ragazzi.* 8. Noi *li* daremo *alle ragazze.* 9. Io *gli* darò *il dollaro.* 10. Io *le* presterò *la penna.* 11. Essa *ci* parlò *di sua cugina.* 12. Il sarto *ti* farà *il vestito.* 13. Il calzolaio *Le* ha fatto *le scarpe.* 14. Il barbiere *mi* ha tagliato *i capelli.* 15. La bambina *si* laverà *la faccia.* 16. I ragazzi *si* laveranno *le mani.* 17. La signora *ci* darà *del caffè.* 18. La sorella ha mandato *loro le lettere.* 19. Io *ti* venderò *le mie scarpe vecchie.* 20. Egli non *mi* ha insegnato *delle parole francesi.*

B. 1. Portiamogli *il libro!* 2. Portiamole *il libro!* 3. Portiamo *questi fiori a Giulia!* 4. Porti (Lei) *questi fiori a Giulia!* 5. Portate *questi fiori a Giulia ed a Lucia!* 6. Fammi *questo piacere!* 7. Mandino *delle cartoline agli amici!* 8. Mandiamo *delle cartoline agli amici!* 9. *Mi* mandi *quel libro,* per piacere! 10. Mandami *quel libro,* per piacere! 11. Non *mi* mandare *quel libro,* per piacere! 12. Non mandate *del denaro a Luigi!* 13. Mandate *del denaro a Luigi!* 14. Scrivi *la lettera alla nonna!* 15. Non scrivere *la lettera alla nonna* adesso! 16. Signorina, *mi* dia *il Suo indirizzo,* per piacere! 17. Signorina, non dia *il Suo indirizzo a Pietro!* 18. Non date *quell'osso al cane!* 19. Insegniamo *le canzoni a Marietta!* 20. Insegnami *quelle canzoni,* Filippo!

C. 1. Io *ti* porterò *le arance.* 2. Io *vi* porterò *le arance.* 3. Io *gli* ho portato *delle arance.* 4. Tu *le* canterai *la canzone.* 5. Carlo, porta *quel quadro alla maestra!* 6. Carlo, non portare *quel quadro alla maestra!* 7. Signorina, porti *quel quadro alla maestra!* 8. Dategli *la penna,* ragazzi! 9. Avete portato *i giornali al babbo?* 10. Essi venderono *i libri ai ragazzi.* 11. Mandiamogli subito *il regalo!* 12. Gli mandi subito *il regalo!* 13. Io ho scritto *delle lettere a mio cugino.* 14. Venderai *il cavallo al signor Russo?* 15. Io comprerò *il cavallo per mia figlia.* 16. Stasera manderò *dei fiori alla mia fidanzata.* 17. Parla *di questo alle signore!* 18. Essa *ti* dirà *questo sicuramente.* 19. Chi *ti* ha insegnato *queste parolacce?* 20. Io non *gli* ho insegnato *quelle parole.*

D. 1. Eleonora *mi* ha scritto soltanto due *lettere.* 2. La mamma *ti* darà *del latte.* 3. Portatemi *il compito* ben scritto, ragazzi! 4. Filomena, siedi qui, ed io *ti* racconterò *quella storiella.* 5. Spiega *questa parola al nonno!* 6. Datemi *quelle uova!* 7. Non mi dia *quelle uova rotte,* per piacere! 8. Se sarai promosso *ti* darò molti *baci.* 9. Chi *ti* ha detto *ciò?* 10. Una cara fanciulla di questa classe *mi* ha detto *ciò.* 11. Lavati *la faccia* subito, Carlino! 12. Chi ha portato *il telegramma alla signora Parlapoco?* 13. Perchè *ti* hanno mandato *i fiori?* 14. Bevete *del latte,* vi farà bene! 15. Chi *Le* ha dato *quel pugno?* 16. Io manderò *loro il mio ritratto.* 17. Esse *si* sono scritte molte *lettere.* 18. *Si* metta *i guanti,* signora! 19. Non dite *queste cose ai ragazzi!* 20. Compraci *le scarpe nuove,* babbo!

E. *Translate the words in italics into Italian. Rewrite the sentences.*

1. Essa vende *them* (libri) *to her.* 2. La zia darà *some of it to us.* 3. Hai prestato *it* (la matita) *to him?* 4. Portiamo *them* (fiori) *to her!* 5. Porta *it* (compito) *to me!* 6. Portino *them* (quaderni) *to them!* 7. Venda *it* (penna) *to her,* signorina! 8. Cantate *them* (le canzoni) *to us!* 9. Io darò *some of it to you*

(voi). 10. Non dare *it* (la carne) *to him!* 11. Non dare *it* (la carne) *to her!* 12. Essi resero *it* (il denaro) *to you* (tu) ieri. 13. Essi resero *it* (il denaro) *to you* (Lei) ieri. 14. Essi resero *it* (il denaro) *to you* (Loro). 15. Presterai *them* (i libri) *to us?* 16. Il babbo ha mandato *some of it to her.* 17. Dia *it* (il ritratto) *to me,* signorina! 18. Ci mandi *some of them,* signor Pocoroba! 19. Fammi copiare *it* (il compito), Alfredo! 20. Avete portato *them* (le mele) *to her?*

F. *Translate the following sentences into Italian:*

1. She will give them (i dolci) to us. 2. Have you written it (lettera) to her? 3. Write (tu) it (lettera) to her! 4. He has given me the chalk. He has given it to me. 5. She will bring you some sugar. She will bring you some. 6. Madam, send some flowers to Anna! Send her some! 7. Don't give the bread to the dog, Henry! Don't give it to him! 8. He will teach you (voi) the poem. He will teach it to you. 9. Don't read (tu) it (lettera) to him. 10. Read (tu) it (lettera) to us! 11. Why don't you want to read it (lettera) to us? 12. He brought us some roses. He brought us some. 13. We shall send it (book) to him. 14. Let's give some water to the girls! Let's give them some! 15. Show me your homework, boys! Show it to me! 16. Show us your marks, girls! Show them to us! 17. Show them those pictures, Madam. Show them to them! 18. Have you brought Charles his medicine? Have you brought it to him? 19. Give him the pencil, Gina! Give it to him! 20. Let them read those books!

IV—The Subjunctive *(Il Congiuntivo)*
Avere and *Essere*

Before attempting to learn the different uses of the subjunctive you ought to learn thoroughly all the forms of all verbs, including irregular verbs. Keep in mind for the time being that the subjunctive is always used in a dependent clause and is usually introduced by the word *che*.

AVERE

Present	Past
che io abbia	che io abbia avuto
che tu abbia	che tu abbia avuto
che egli abbia	che egli abbia avuto
che noi abbiamo	che noi abbiamo avuto
che voi abbiate	che voi abbiate avuto
che essi abbiano	che essi abbiano avuto

Imperfect	Pluperfect
che io avessi	che io avessi avuto
che tu avessi	che tu avessi avuto
che egli avesse	che egli avesse avuto
che noi avessimo	che noi avessimo avuto
che voi aveste	che voi aveste avuto
che essi avessero	che essi avessero avuto

ESSERE

Present	Past
che io sia	che io sia stato (a)
che tu sia	che tu sia stato (a)
che egli sia	che egli sia stato
che noi siamo	che essa sia stata
che voi siate	che noi siamo stati (e)
che essi siano	che voi siate stati (e)
	che essi siano stati
	che esse siano state

Imperfect	Pluperfect
che io fossi	che io fossi stato (a)
che tu fossi	che tu fossi stato (a)
che egli fosse	che egli fosse stato
che noi fossimo	che essa fosse stata
che voi foste	che noi fossimo stati (e)
che essi fossero	che voi foste stati (e)
	che essi fossero stati
	che esse fossero state

EXERCISES

I—*Change the following forms to the plural:*

1. che egli abbia
2. che tu sia
3. che Lei abbia
4. che io sia
5. che essa abbia

6. che egli sia
7. che tu abbia
8. che Lei sia
9. che io abbia
10. che essa sia

II—*Change Exercise I to the:*

a) Past Subjunctive
b) Imperfect Subjunctive
c) Pluperfect Subjunctive

III—*Change the following forms to the singular:*

1. che Loro fossero
2. che voi aveste
3. che esse fossero
4. che noi avessimo
5. che essi fossero

6. che Loro avessero
7. che voi foste
8. che esse avessero
9. che noi fossimo
10. che essi avessero

IV—*Change Exercise III to the:*

a) Present Subjunctive
b) Past Subjunctive
c) Pluperfect Subjunctive

X—The Subjunctive

THE FIRST CONJUGATION

The endings of the PRESENT SUBJUNCTIVE of the first conjugation are:

Sing.: -*i*   -*i*   -*i*
Plur.: -*iamo*   -*iate*   -*ino*

The endings of the IMPERFECT SUBJUNCTIVE of the first conjugation are:

Sing.: -*assi*   -*assi*   -*asse*
Plur.: -*assimo*   -*aste*   -*assero*

COMPRARE

Present	*Past*
che io compri	che io abbia comprato
che tu compri	che tu abbia comprato
che egli compri	che egli abbia comprato
che noi compriamo	che noi abbiamo comprato
che voi compriate	che voi abbiate comprato
che essi comprino	che essi abbiano comprato

Imperfect	*Pluperfect*
che io comprassi	che io avessi comprato
che tu comprassi	che tu avessi comprato
che egli comprasse	che egli avesse comprato
che noi comprassimo	che noi avessimo comprato
che voi compraste	che voi aveste comprato
che essi comprassero	che essi avessero comprato

EXERCISES

I—*Change the following to the plural*:

1. che Lei parli
2. che io abbia parlato
3. che essa cerchi
4. che tu abbia cercato
5. che egli impari
6. che Lei abbia imparato
7. che io domandi
8. ·che essa abbia domandato
9. che tu entri
10. che egli sia entrato

II—*Change Exercise* I *to the* IMPERFECT *and* PLUPERFECT *subjunctive.*

III—*Change the following to the singular*:

1. che essi portassero
8. che voi abbiate cantato
3. che esse preghino
4. che noi mangiamo
5. che Loro suonassero
6. che essi avessero pagato
7. che voi camminiate
8. che esse abbiano lavorato
9. che noi avessimo lavato
10. che voi arriviate
11. che Loro fossero arrivate
12. che noi incontriamo
13. che esse portino
14. che voi siate entrate
15. che essi giochino
16. che Loro abbiano giocato
17. che noi siamo entrati
18. che essi entrino
19. che voi abbiate amato
20. che esse salutino

IV—Replace each blank by the required form of the subjunctive:

		PRES.	IMPERF.	PAST	PLUPERF.
cantare	che Lei	....	....	....	....
"	che noi	....	....	....	....
ballare	che tu	....	....	....	....
"	che essi	....	....	....	....
cercare	che essa	....	....	....	....
"	che Loro	....	....	....	....
domandare	che io	....	....	....	....
"	che esse	....	....	....	....
pagare	che egli	....	....	....	....
"	che voi	....	....	....	....
imparare	che essa	....	....	....	....
"	che voi	....	....	....	....
baciare	che tu	....	....	....	....
"	che noi	....	....	....	....
arrivare	che io	....	....	....	....
"	che voi	....	....	....	....
suonare	che egli	....	....	....	....
"	che esse	....	....	....	....
entrare	che essa	....	....	....	....
"	che essi	....	....	....	....

XI—The Subjunctive

THE SECOND CONJUGATION

The endings of the PRESENT SUBJUNCTIVE of the second conjugation are:

> Sing.: -a -a -a
> Plur.: -iamo -iate -ano

The endings of the IMPERFECT SUBJUNCTIVE of the second conjugation are:

> Sing.: -essi -essi -esse
> Plur.: -essimo -este essero

VENDERE

Present	Past
che io venda	che io abbia venduto
che tu venda	che tu abbia venduto
che egli venda	che egli abbia venduto
che noi vendiamo	che noi abbiamo venduto
che voi vendiate	che voi abbiate venduto
che essi vendano	che essi abbiano venduto

Imperfect	Pluperfect
che io vendessi	che io avessi venduto
che tu vendessi	che tu avessi venduto
che egli vendesse	che egli avesse venduto
che noi vendessimo	che noi avessimo venduto
che voi vendeste	che voi aveste venduto
che essi vendessero	che essi avessero venduto

EXERCISES

I—*Change the following to the plural:*

1. che essa creda
2. che io veda
3. che Lei ripeta
4. che tu perda
5. che egli legga
6. che essa scriva
7. che io prenda
8. che Lei tema
9. che tu scenda
10. che egli chiuda

II—*Change Exercise I to the:*

    a) imperfect subjunctive
    b) past subjunctive
    c) pluperfect subjunctive

III—*Change the following to the singular:*

1. che essi siano scesi
2. che noi abbiamo letto
3. che esse abbiano ricevuto
4. che voi abbiate scritto
5. che Loro abbiano bevuto
6. che essi abbiano speso
7. che noi abbiamo ripetuto
8. che esse abbiano perduto
9. che voi siate arrivate
10. che Loro abbiano veduto

IV—*Change Exercise* III *to the:*

   a) present subjunctive
   b) imperfect subjunctive
   c) pluperfect subjunctive

V—*Replace each blank by the required form of the subjunctive:*

		PRES.	IMPERF.	PAST	PLUPERF.
perdere	che Lei	....	....	....	....
"	che voi	....	....	....	....
credere	che io	....	....	....	....
"	che Loro	....	....	....	....
ricevere	che essa	....	....	....	....
"	che essi	....	....	....	....
cadere	che essa	....	....	....	....
"	che esse	....	....	....	....
temere	che tu	....	....	....	....
"	che noi	....	....	....	....
scrivere	che lei	....	....	....	....
"	che noi	....	....	....	....
leggere	che io	....	....	....	....
"	che Loro	....	....	....	....
chiudere	che egli	....	....	....	....
"	che esse	....	....	....	....
scendere	che tu	....	....	....	....
"	che voi	....	....	....	....
bere	che egli	....	....	....	....
"	che essi	....	....	....	....

XII—The Subjunctive

THE THIRD CONJUGATION

The endings of the PRESENT SUBJUNCTIVE of the third conjugation are:

   Sing.:   -a   -a   -a
   Plur.:   -iamo   -iate   - ano

The endings of the IMPERFECT SUBJUNCTIVE of the third conjugation are:

Sing.: -issi- -issi -isse
Plur.: -issimo -iste -issero

SENTIRE

Present

che io senta
che tu senta
che egli senta
che noi sentiamo
che voi sentiate
che essi sentano

Past

che io abbia sentito
che tu abbia sentito
che egli abbia sentito
che noi abbiamo sentito
che voi abbiate sentito
che essi abbiano sentito

Imperfect

che io sentissi
che tu sentissi
che egli sentisse
che noi sentissimo
che voi sentiste
che essi sentissero

Pluperfect

che io avessi sentito
che tu avessi sentito
che egli avesse sentito
che noi avessimo sentito
che voi aveste sentito
che essi avessero sentito

NOTE: The *ISC* of the *ISCO-VERBS* appears ONLY in the present tense of the subjunctive mood in exactly the same way as it does in the present indicative. Thus the PRESENT SUBJUNCTIVE of *FINIRE* is:

che io finisca
che tu finisca
che egli finisca

che noi finiamo
che voi finiate
che essi finiscano

EXERCISES

I—*Change the following to the plural:*

1. che egli pulisca
2. che tu dorma
3. che Lei capisca
4. che io offra
5. che essa punisca
6. che egli apra
7. che tu spedisca
8. che Lei parta
9. che io obbedisca
10. che essa copra

II—*Change Exercise* I *to the*:

  a) imperfect subjunctive
  b) past subjunctive
  c) pluperfect subjunctive

III—*Change the following to the singular*:

  1. che essi abbiano dormito
  2. che voi abbiate pulito
  3. che Loro abbiano offerto
  4. che noi abbiamo capito
  5. che esse abbiano sofferto

  6. che essi abbiano sentito
  7. che voi siate partiti
  8. che Loro abbiano spedito
  9. che noi abbiamo scoperto
  10. che esse abbiano obbedito

IV—*Change Exercise* III *to the*:

  a) present subjunctive
  b) imperfect subjunctive
  c) pluperfect subjunctive

V—*Replace each blank by the required form of the subjunctive*:

		PRES.	IMPERF.	PAST	PLUPERF.
punire	che egli	....	....	....	....
"	che essi	....	....	....	....
dormire	che io	....	....	....	....
"	che noi	....	....	....	....
sentire	che Lei	....	....	....	....
"	che Loro	....	....	....	....
proibire	che io	....	....	....	....
"	che noi	....	....	....	....
aprire	che tu	....	....	....	....
"	che voi	....	....	....	....
obbedire	che Lei	....	....	....	....
"	che Loro	....	....	....	....
spedire	che tu	....	....	....	....
"	che voi	....	....	....	....
partire	che essa	....	....	....	....
"	che esse	....	....	....	....
pulire	che tu	....	....	....	....
"	che essi	....	....	....	....
servire	che egli	....	....	....	....
"	che voi	....	....	....	....

XIII—The Subjunctive

THE IRREGULAR VERBS

The formation of the subjunctive of irregular verbs will give you no trouble if you will remember the following simple rules:

1. In order to form the PRESENT SUBJUNCTIVE of any irregular verb be sure to know the present indicative of that verb. The first person singular will give you the *three* singular forms and the third person plural form of the present subjunctive by simply dropping the O and adding the endings of the present subjunctive, which are the same for ALL irregular verbs.

Examples:	*Pres. Ind.*	*Pres. Subj.*
andare	io vad**o**	che io vad**a**
		che tu vad**a**
		che egli vad**a**
		che essi vad**ano**

2. The first person plural will give you the first and second person plural of the present subjunctive.

Examples:	*Pres. Ind.*	*Pres. Subj.*
andare	noi and**iamo**	che noi and**iamo**
		che voi and**iate**

Exceptions: The following five verbs form the WHOLE present subjunctive from the NOI — form of the present indicative:

	Pres Ind.	*Pres. Subj.*
avere	noi abbiamo	che io abbia, che tu abbia, etc.
essere	noi siamo	che io sia
dare	noi diamo	che io dia
stare	noi stiamo	che io stia
sapere	noi sappiamo	che io sappia

THE ENDINGS of the present subjunctive of ALL irregular verbs are:

> Sing.: -*a* -*a* -*a*
> plur.: -*iamo* -*iate* -*ano*

3. The IMPERFECT SUBJUNCTIVE of all irregular verbs is formed from the *TU* form of the PASSATO REMOTO. Add to the stem: *-ssi   -ssi   -sse* for the singular — *-ssimo -ste -ssero for the plural.*

Examples:

	Passato Remoto	Imperf. Subj.
fare	tu facesti	che io facessi, etc.
condurre	tu conducesti	che io conducessi
scegliere	tu scegliesti	che io scegliessi
venire	tu venisti	che io venissi

EXERCISES

I—*Give the first person singular of the FOUR tenses of the sub-junctive*:

1. accorgersi	11. porre	21. tacere
2. andare	12. potere	22. tenere
2. bere	13. rimanere	23. togliere
4. cogliere	14. salire	24. tossire (isco)
5. condurre	15. sapere	25. tradurre
6. dare	16. scegliere	26. trarre
7. dire	17. sciogliere	27. udire
8. dovere	18. sedersi	28. uscire
9. fare	19. spegnere	29. venire
10. piacere	20. stare	30. volere

II—*Conjugate orally the whole present and imperfect subjunctive of the above verbs. (You may write them, if you wish).*

XIV—The Subjunctive

SEQUENCE OF TENSES

It is of the utmost importance to remember that the subjunctive is always used in a subordinate clause. Therefore, there is a main clause, even though sometimes it is only understood and not expressed. IT IS THE VERB IN THE MAIN CLAUSE that determines *which tense* of the subjunctive must be used in the subordinate clause.

MEMORIZE THE FOLLOWING TABLE

I   If verb in MAIN clause is   verb in SUBORDINATE clause
    PRESENT or FUTURE   is PRESENT or PAST SUB-
                                 JUNCTIVE, depending on wheth-
                                 er the action has taken place or
                                 is going to take place.

Examples: 1. *Sarà* possibile che essi *arrivino* in tempo.
            2. Egli *crederà* che io *abbia fatto* il compito.
            3. Non *è* possibile che egli *arrivi* prima di me.
            4. *È* possibile che egli *sia arrivato* prima di me.

II If verb in MAIN clause is   verb in SUBORDINATE clause is
    ANY PAST TENSE   IMPERFECT or PLUPERFECT
                                 SUBJUNCTIVE.

Examples: 1. Egli *ha pensato* che io *venissi*.
            2. Egli *ha pensato* che io *fossi venuto*
            3. *Credevo* che Giuseppe *studiasse* tanto.
            4. *Credevo* che Giuseppe *avesse studiato* tanto.
            5. Il babbo *volle* che io mi *alzassi* presto.
            6. *Avevo creduto* che essa *fosse partita*.

NOTE: If verb in MAIN clause is PASSATO PROSSIMO the
verb in SUBORDINATE clause is IMPERFECT or PLUPERFECT
SUBJUNCTIVE but occasionally the present or past subjunctive
may be used.

III If verb in MAIN clause is   verb in SUBORDINATE clause is
    PRESENT   or   PAST   IMPERFECT or PLUPERFECT
    CONDITIONAL   SUBJUNCTIVE.

Examples: 1. Il babbo *vorrebbe* che noi *studiassimo* di più.
            2. Io *avrei pensato* che tu *avessi fatto* il compito.
            3. *Sarei stato promosso* se *avessi studiato* di più.

EXERCISES

I—*Explain orally the tense of the subjunctive in italics:*

1. È necessario che essi *imparino* la lezione. 2. Era necessario
che essi *imparassero* la lezione. 3. Io vorrei che voi *studiaste* di

più. 4. Egli non credeva che noi *avessimo capito* la lezione. 5. Noi speravamo che voi *parlaste* allo zio. 6. Noi speravamo che voi *aveste parlato* allo zio. 7. Tutti credono che egli *sia* studioso. 8. Tutti credono che egli *sia stato* studioso. 9. Egli supporrà che voi *facciate* il lavoro. 10. Egli supporrà che voi *abbiate fatto* il lavoro. 11. Io ho creduto che egli *lavori troppo*. 12. Io ho creduto che egli *lavorasse* troppo. 13. Io ho creduto che egli *avesse lavorato* troppo. 14. Io suppongo che egli *abbia lavorato* troppo. 15. Non sapevamo se essi *avessero scritto* quella lettera. 16. Era possibile che *avesse piovuto*. 17. Era possibile che *piovesse*. 18. Non sapeva che tu *avessi* una cugina tanto bella. 19. Sarà necessario che *mandiate* una lettera raccomandata a Luigi. 20. Credi tu che io *l'abbia incontrata* ogni giorno? 21. Credi tu che io *l'incontri* ogni giorno? 22. Saresti contento se io ti *conducessi* con me? 23. Saresti stato contento se io ti *avessi condotto* con me? 24. Essi avevano creduto che io *fossi* ricco.

II—*Replace the infinitives in italics by the proper tense of the subjunctive. In order that you may begin to realize why the subjunctive is used, the expression requiring the subjunctive is also in italics. In some sentences more than one answer is possible.*

1. Io non *so* chi *vincere* la corsa ieri. 2. Egli non *crede* che io *essere* promosso. 3. *È possibile* che Maria *ricevere* la lettera. 4. *Suppongo* che essa *essere* studiosa *e meritare* buoni punti. 5. *Supponevo* che essa *essere* studiosa e *meritare* buoni punti. 6. *Era il più bel ritratto* che egli *fare*. 7. *Avrei preferito* che voi *venire* insieme. 8. *Preferirei* che essi *venire* insieme. 9. Egli era *il solo* che *capire* questo. 10. *Era necessario* che voi *arrivare* prima delle otto. 11. *È probabile* che Maria *ricevere* la lettera. 12. Se tu *arrivare* prima avresti mangiato con noi. 13. *Benchè* io non la *conoscere* bene essa mi saluta sempre. 14. *Si dice* che essi *avere* molto denaro. 15. *Si diceva* che essi *avere* molto denaro. 16. *Ero contento* che voi *partire* per l'Italia. 17. *Sono contento* che voi *partire* per l'Italia. 18. *Sarei contento* se voi *partire* per l'Italia. 19. *È giusto* che voi *giocare* e *divertirsi* molto durante le vacanze. 20. *Occorre* che tu *ritornare* a casa e *prendere* cura del bambino. 21. *Bisognava* che noi *affrettarsi* ed *arrivare* in tempo. 22. *Teme-*

vamo che tu *partire* senza di noi.   23. *Voglio* che voi *alzarsi* presto ed *andare* a fare una passeggiata.   24. *Non credo* che egli non *fare* il compito e *rispondere* male in classe.   25. *Era impossible* che essa mi *riconoscere*.

XV—The Subjunctive—Uses

The subjunctive is used in the subordinate clause when the verb in the main clause is:

A. VOLERE or any other verb of *wishing, ordering,* or *commanding*.

Examples: 1. Io non *voglio* che essi *facciano* tanto chiasso.
2. Il babbo *ordinò* che i ragazzi *andassero* a letto.
3. Il generale *comanda* che i soldati *avanzino*.
4. Io *desidero* che voi *impariate* queste regole.

NOTE: With the verbs *ordinare* and *comandare* the infinitive may be used if the subject of the subordinate clause is made an indirect object. Thus examples 2 and 3 above may be written as follows:

Il babbo ordinò *ai ragazzi* di andare a letto.
Il generale comanda *ai soldati* di avanzare.

B. A verb expressing *hope, belief, supposition, doubt, ignorance*.

Examples: 1. Noi *speriamo* che essi *vengano* insieme.
2. Egli *crede* che quella ragazza *sia* ricca.
3. Il maestro *suppone* che voi *abbiate studiato*.
4. Io *dubito* che tu *abbia perduto* il dollaro.
5. Essa *non* sa se egli *sia* un buon giovane.

VERY IMPORTANT NOTES:

1. The subjunctive IS NOT USED when the principal and the dependent verb have the same subject. In such cases the INFINITIVE is used.

Examples: *a*) Io voglio studiare.
b) Egli crede di essere intelligente.
c) Essa desidera imparare l'italiano.

2. The subjunctive is not used when the dependent verb clearly indicates FUTURE action or CERTAINTY.

Examples: a) Credo che verrà anche lui.
            b) Non so se egli comprerà questa casa.
            c) Essa non sa che egli è un buon giovane.

EXERCISES

I—*Change the infinitive of the verb in parentheses to the proper form of the subjunctive, where required:*

A. 1. Credi tu che quella signorina (essere) ——— bella? 2. Credevi tu che quella signorina (essere) ——— bella? 3. Noi speriamo che essi (venire) ———. 4. Noi speravamo che essi (venire) ———. 5. Il maestro vuole che voi (stare) ——— zitti. 6. Il maestro voleva che voi (stare) ——— zitti. 7. Maria desidera (imparare) ——— questa lezione. 8. Maria desidera che tu im-parare) ——— questa lezione. 9. Io voglio che essi (imparare) ——— questa lezione. 10 Io volevo che essi (imparare ——— questa lezione. 11. Il sindaco ha ordinato che voi (fare) ——— il vostro dovere. 12. Il sindaco ordina che voi (fare) ——— il vostro dovere. 13. Egli non sa se essa (arrivare) ——— o no. 14. Egli non sapeva se essa ((arrivare) ——— o no. 15. Carlo suppone che Anna lo (amare) ———. 16. Carlo supponeva che Anna lo (amare) ———. 17. Io vorrei che voi (parlare) ——— bene italiano. 18. Io vorrò che voi (parlare) ——— bene italiano. 19. Non volete voi (cantare) ——— quella canzone? 20. Essi credevano che noi (partire) ———.

B. 1. Essi volevano che noi (partire) ——— immediatamente. 2. Essi vogliono (partire) ——— immediatamente. 3. Credete voi che egli (sapere) ——— la risposta? 4. Credevate voi che egli (sapere) ——— la risposta? 5. Essa credeva che io (avere) ——— molto denaro. 6. Essa crederà che io (avere) ——— molto denaro. 7. Essa crede che io (avere) ——— molto denaro. 8. Giulia spera che tu le (scrivere) ——— spesso. 9. Giulia sperava che tu le (scrivere) ——— spesso. 10. Il maestro comanda che voi (alzarsi) ———. 11. Volete che io (fare) ——— il lavoro per voi? 12. Volevate che io (fare) ——— il lavoro per voi? 13. Credi tu che essi (amare) ——— lo studio? 14. Credevi tu che noi

(essere) ——— ricchi? 15. Io non voglio che essi (fare) ———
questo per me. 16. Io non volevo che essi (fare) ——— questo
per me. 17. Essi dubitano che noi (essere andati) ——— insieme.
18. Essi dubitavano che noi (essere andati) ——— insieme. 19. Il
babbo suppone che tu (avere ottenuto) ——— buoni punti. 20. Il
babbo supponeva che tu (avere ottenuto) ——— buoni punti.

II—*Translate the expressions in italics into Italian:*

1. Io non credo che Maria *loves* Giuseppe. 2. Essa non credeva
che io le *had written* ogni giorno. 3. Noi non vogliamo *them to do*
queste cose. 4. Io dubito che quel ragazzo *loves* lo studio. 5. Io
sono sicuro che quel ragazzo *loves* lo studio. 6. Speriamo che essi
win la corsa. 7. Egli vuole *her to come* con la sua amica. 8. Egli
voleva *her to come* con la sua amica. 9. Egli voleva *to come* con il
suo amico. 10. Credi tu che egli *is* intelligente? 11. Crede Lei
che io *have done* questo? 12. Essi volevano *to leave* subito.
13. Essi non credevano che io *had won* il primo premio. 14. Io spe-
ravo che voi *would come* insieme. 15. Non credo che egli *has
arrived* prima delle otto. 16. Non credevo che egli *would arrive* in
ritardo. 17. Non credevo che egli *had arrived* in ritardo. 18. Essi
non supponevano che io *was* il maestro. 19. Essi non supporranno
che io *am* il maestro. 20. Dubitate voi che io *am* il maestro?

III—*Translate the following sentences into Italian:*

1. Mr. Rossi, do you doubt that I have done the homework?
2. I want you to understand this lesson. 3. They wanted to leave
before eight. 4. They wanted us to leave early in the morning.
5. He did not doubt that you had sent him the check (assegno).
6. They will want you to do all the work. 7. Don't you want to
read the letter? 8. Don't you want her to read the letter? 9. I
hope you are telling the truth. 10. We hope we have passed the
examination. 11. We hope they have passed the examination.
12. He hopes you have told the truth. 13. I hoped you had told the
truth. 14. Mother supposes that Charles has lost the dollar.
15. Mother supposed that Charles had lost the dollar. 16. I did not
know that she was so intelligent. 17. I know she is very intelligent. 18. Do you think she loves me? 19. We wish to be rich.
20. I ordered them to pay attention.

XVI—The Subjunctive—Uses (continued)

C. The subjunctive is used after verbs expressing *EMOTION*, such as *fear, personal feeling, wonder.*

Examples:
1. Gli dispiace che voi *partiate* così presto.
2. Ho paura che tu non *possa fare* questo.
3. Temo che egli non *arrivi* in tempo.
4. Mi meraviglio che egli non *abbia scritto*.
5. Il babbo è contento che tu *sia stato* promosso.

D. The subjunctive is used after *IMPERSONAL EXPRESSION* of doubt, possibility, probability, necessity, etc., but *NOT* after impersonal expression of *CERTAINTY*.

Examples:
1. *Bisogna* che *studiate* di più.
   You must study more.

2. *È giusto* che il colpevole *sia* punito.
   It is just that the culprit be punished.

3. *È probabile* che voi *facciate* il compito.
   It is probable that you do (or will do) your homework.

4. *È meglio* che io *esca* più tardi.
   It is better for me to go out later.

5. *Peccato* che egli non *sia stato* promosso!
   It is a pity that he was not promoted.

BUT:
1. *È evidente* che egli non *ha studiato*.
   It is evident that he has not studied.

2. *È certo* che essi non *verranno*.
   It is certain that they will not come.

EXERCISES

I—*Change the verb in parentheses to the proper form of the subjunctive:* (*In some sentences more than one answer is possible.*)

1. Era possibile che egli (venire) ——— qui. 2. Non è meglio che tu (fare) ——— attenzione? 3. È necessario che essi (partire) ——— ora stesso. 4. Era necessario che essi (partire) ——— subito. 5. Non è possibile che voi (arrivare) ——— prima di noi. 6. È evidente che voi (arrivare) ——— prima di noi. 7. Temiamo che esse non (potere) ——— farlo. 8. Sono contento che tu (leggere) ——— quel libro. 9. Mi meraviglio che il signor Fasola non (essere) ——— qui. 10. Non era necessario che voi (finire) ——— il lavoro. 11. Ho paura che essi non (venire) ——— a questa riunione. 12. Avevo paura che essi non (venire) ——— a questa riunione. 13. — Ero contento che essa (scrivere) ——— ogni giorno. 14. Siamo contenti che essa (scrivere) ——— ogni giorno. 15. È giusto che tu (essere) ——— punito. 16. Era giusto che tu (essere) ——— punito. 17. È certo che Giulio (venire) ——— con me. 18. Mi dispiace che tu (perdere) ——— il denaro. 19. Mi dispiaceva che tu (perdere) ——— il denaro. 20. È chiaro che tu non (studiare) ———.

II—*Translate the words in italics into Italian:*

A. 1. Sono contento che voi *love me.* 2. Sono contento che voi *have listened to me.* 3. È certo che essi *will win* la gara. 4. È probabile che essi *will win.* 5. Era probabile che essi *would win.* 6. È possibile che egli *has* tanto denaro? 7. È possibile che egli *has* had tanto denaro? 8. Era possibile che egli *had* tanti amici? 9. Era possibile che egli *had had* tanti amici? 10. Bisognerà che voi *study* di più. 11. Bisognava che noi *study* di più. 12. È possibile che i "Dodgers" *will win* il campionato. 13. È meglio che essa *come* con me. 14. Era meglio che essa *had come* con me. 15. Era meglio che essa *would come* con me. 16. Temo che tu *have not learned* la lezione. 17. Temevamo che voi *were not* in casa. 18. Ci dispiace che essi *have come* troppo tardi. 19. Sono felici che Lucia ed Enrico *love each other.* 20. Peccato che Filomena *has not written* prima!

B. 1. Ti sembra che io *have copied* il compito di Francesco? 2. Mi sembra? È certo che tu *have copied* il suo compito. 3. Era possibile che egli *had not received* la mia lettera. 4. È possibile che egli *has not received* la mia lettera. 5. Era evidente che l'attrice *had not arrived* ancora. 6. È possibile che tu *have eaten* tanta carne? 7. È possibile che tu *are hungry* di nuovo? 8. È necessario che io *speak* al signor Gona. 9. Era necessario che tu *spoke* al signor Gona. 10. È possibile che voi *are telling* la verità. 11. È possibile che voi *have told* la verità. 12. Era possibile che essi *were telling* delle bugie. 13. Era possibile che essi *had told* delle bugie. 14. Era certo che essi *were not telling* il vero. 15. Temo che essa *has not been able* farlo (potere). 16. Temo che essa *cannot* farlo. 17. Mi dispiace *that I cannot do* questo. 18. Mi dispiace *that he cannot do* questo. 19. Egli si meraviglia che tu *are* ancora in questa classe. 20. La nonna è contenta che tu *have remembered* il suo compleanno.

III—*Translate the following sentences into Italian:*

1. I am glad you are here. 2. I am glad they came. 3. I was glad they were coming. 4. I was glad they had come. 5. It is possible that they will pass (essere promosso). 6. It isn't necessary for them to do so much work. 7. He fears that you will not arrive on time. 8. It is probable that he will win the race. 9. I was glad you had written to me. 10. It is necessary that you bring your book every day. 11. It is not possible that she has lost her book again. 12. I was sorry that she was not with us. 13. I am sorry that she is not with us. 14. It is a pity that he did not go with dad. 15. One must study in order to learn. 16. We doubted that she could wash so many dishes. 17. It wasn't necessary for you to write so many letters. 18. The teacher prefers that you write in ink. 19. It will be necessary for them to send me an invitation. 20. I doubt that I will be able to come before noon. 21. I doubt that he will be able to come before noon. 22. Isn't it better that you do your homework before playing? 23. It was necessary for me to learn the poem in ten minutes. 24. He is afraid that she will not answer his letter. 25. He was afraid that she would not answer his letter.

XVII—The Subjunctive—Uses (continued)

The subjunctive is used after:

E. *AN INDEFINITE ANTECEDENT*

(that is, when the verb of the subordinate clause refers to a person or thing which is not definite or certain, or to something which is not yet attained).

ALSO AFTER SUCH INDEFINITE WORDS AS:

CHIUNQUE — whoever   NESSUNO — no one
QUALUNQUE — whichever   QUALSIASI COSA — whatever
DOVUNQUE — wherever   CHECCHÈ — whatever

Examples: 1. Cerco una ragazza che *sia* ricca e bella.

2. Comprerò una casa che *abbia* molte finestre.

3. Chiunque mi *cerchi*, io non sono in casa.

4. Dovunque egli *vada*, trova fortuna.

F. *A RELATIVE SUPERLATIVE* and the following four words: *L'UNICO, IL SOLO, IL PRIMO, L'ULTIMO*.

Examples: 1. Questo quadro è il più bello che io *abbia visto*.

2. Giorgio è l'unico alunno che *abbia imparato* tutta la poesia.

3. Lucia è la ragazza più intelligente che ci *sia* in questa classe.

EXERCISES

I—*Change the verb in parentheses to the proper form of the subjunctive*:

1. Qualunque cosa io (fare) ——— tu non sei mai contento. 2. È la migliore cosa che voi (potere) ——— fare. 3. Era la migliore cosa che voi (potere) ——— fare. 4. Questa è una delle

lezioni più difficili che ci (essere) ———. 5. Checchè tu (dire) ———, egli ha ragione. 6. Io non sono il solo che (fare) ——— degli sbagli. 7. Chiunque (parlare) ———, ascoltate attentamente. 8. Teresa è la prima che (imparare) ——— la canzone. 9. Teresa fu la prima che (imparare) ——— la canzone. 10. Dovunque egli (cercare) ———, non troverà mai quel libro. 11. Essi sono i ragazzi più studiosi che ci (essere) ——— qui. 12. Comprerò un cavallo che (correre) ——— velocemente. 13. Volevo comprare un cavallo che (correre) ——— velocemente. 14. Essa voleva una medicina che la (fare) ——— dormire. 15. Datemi un libro che mi (interessare) — molto. 16. Roma è la più bella città che io (visitare) ———. 17. Mi vuole indicare una via che mi (condurre) ——— alla piazza? 18. Chiunque (domandare) ——— di me, dite che non mi conoscete. 19. Non c'è nessuno qui che (parlare) ——— francese?

II—*Translate the expressions in italics into Italian: (First determine if the subjunctive is necessary).*

A. 1. Volete una medicina che *will make you get well* (guarire) presto? 2. Non c'è nessuno che *has seen us.* 3. Non c'è nessuno che *sees us.* 4. Non c'era nessuno che *had seen us.* 5. Non c'era nessuno che *would see us.* 6. Egli ha sposato una ragazza che *is* bella, intelligente e ricca. 7. È il libro più interessante che egli *is writing.* 8. È il libro più interessante che egli *has written.* 9. Era l'unica bugia che egli *had said* in vita sua. 10. Tu sei l'unico ragazzo che *has come* in ritardo. 11. Tu sei l'unico ragazzo che *comes* tardi ogni giorno. 12. Egli era il cugino che *wrote me* spesso. 13. Carlo e Mario sono i soli che *have not done* il compito. 14. Carlo e Mario erano i soli che *had not done* il compito. 15. Era la cosa più bella che noi *had bought* quel giorno. 16. Qualsiasi cosa io *buy,* tu non sei mai soddisfatto. 17. Dovunque egli *has gone,* è stato bene accolto. 18. Dovunque egli *went,* era sicuro di essere bene accolto. 19. Non c'è uomo che *knows* tutto. 20. Incontrai un uomo che *wanted to work* per me.

B. 1. Questo è il più bel palazzo che egli *has built* (costruire). 2. Era il più bel palazzo che egli *had built.* 3. Checchè essa *said,* nessuno le credeva. 4. Cerco un giovane che *understands* lo spagnuolo. 5. Ho incontrato un ragazzo che *understands* lo spagnuolo. 6. Chiunque *sees* quella ragazza, rimane colpito dalla sua bellezza.

7. Era l'unica capitale che egli *had not visited*. 8. Raccontatele delle cose che *will make her* ridere. 9. Qui c'è un ragazzo che *knows* suonare il violino molto bene. 10. Era l'unica cosa che egli *could not* negare. 11. Questa è la più bella poesia che egli *has written*. 12. In questa città non c'è nessuno che *knows me*. 13. In quella città non c'era nessuno che *knew me*. 14. Chiunque *knocks* alla porta, accoglietelo! 15. Maria è l'ultima che *has given me* il componimento. 16. Giannina e Rosa sono le sole che *have understood* questo. 17. Giannina e Rosa erano le sole che *had understood* la parola. 18. Ci insegni una canzone che *is* facile. 19. Cercate dei compagni che *are* onesti. 20. Abbiamo dei compagni che *are* onesti.

III—*Translate the following sentences into Italian*:

1. These are the best words that you could learn. 2. Have you found a boy who knows the answer? 3. Are you looking for someone who knows the answer? 4. There was no one who knew all the answers. 5. John is the best friend I have. 6. John was the best friend I had. 7. Wherever she goes, I shall follow her. 8. He followed her wherever she went. 9. I am looking for a key that will open this drawer. 10. I was looking for a key that would open this drawer. 11. He is the most interesting person I ever met. 12. You are the first one who has told me this. 13. John is the only one who remembers this. 14. John is the only one who remembered to do the work. 5. Whatever he buys you, tell him that you like it. 16. "Man of War" was one of the fastest horses that I had ever seen. 17. Whoever spoke to me, I did not answer. 18. Whatever he says, do not answer. 19. We were the only ones who had not spoken. 20: Whoever speaks to you, do not answer.

XVIII—The Subjunctive—Uses (continued)

The subjunctive is used after:

G. *Adverbial expressions of PURPOSE, TIME, CONDITION, CONCESSION, NEGATION,* such as:

sebbene — although	*senza che* — without
benchè — although	*di modo che* — so that
purchè — provided that	*in caso che* — in case
affinchè — in order that	*a patto che* — on condition that
prima che — before	*a meno che . . . non* — unless

Examples:
1. Sebbene essa *sia* ricca, io non la sposerò.
2. Bevi il latte prima che *venga* il babbo.
3. Ti aspetterò, purchè tu *giunga* in tempo.
4. Parlerò ad alta voce di modo che tutti mi *possano* sentire.

H. The subjunctive is used in *"IF" CLAUSES,* when the *"IF" CLAUSE* expresses a condition contrary to fact.

Examples: *If I had money, I would travel.* The implication is that I do not have the money.

In such cases the verb of the main clause is in the *CONDITIONAL* (present or past), and that of the *"IF"* clause in the *IMPERFECT* or *PLUPERFECT* subjunctive.

Examples:
1. Se *avessi* tempo *farei* questo lavoro.
2. Se mi *avessi ascoltato* adesso non *saresti* in tanti guai.
3. Che *faresti* tu se io ti *dessi* un dollaro?

Note: The subjunctive is not used in simple conditions. That is, when *IF* is followed by the present or future.

Example: If he is home we will surely see him.

Se è in casa lo vedremo sicuramente.

(The implication is that it is possible that *he* is home).

EXERCISES

I—*Replace the verb in parentheses by the proper form of the subjunctive:*

1. Ti darò del denaro affinchè tu (potere) ——— comprare il libro. 2. Sebbene essi (essere) ——— ricchi, non hanno molti amici. 3. Sebbene essi (essere) ——— ricchi, non avevano molti amici. 4. Carlo finì il compito prima che (venire) ——— i compagni. 5. Vi perdonerò a patto che mi (dire) ——— la verità. 6. Se essi (avere) ——— i libri farebbero il compito. 7. Se essi (avere) ——— i libri avrebbero fatto il compito. 8. Andrei anch'io se (avere) ——— il denaro necessario. 10. Se Lei (cantare) ——— io suonerei. 11. Egli imparerebbe molto se (ascoltare) ——— attentamente. 12. Esse avrebbero imparato molto se (ascoltare) ——— attentamente. 13. Non vi darò compito per domani purchè (stare) ——— zitti. 14. Li aspetterò purchè essi (venire) ———. 15. Mi ha dato un pugno senza che io gli (fare) ——— niente. 16. Che cosa faresti tu se io ti (dare) ——— un pugno? 17. Se io (essere) ——— re, la farei regina. 18. Benchè Paolo non (fare) ——— il compito, il maestro non l'ha punito. 19. Se noi (avere) ——— denaro, noi lo spenderemmo. 20. Se essi (suonare) ——— noi balleremmo.

II—*Translate the words in italics into Italian:*

A. 1. Giorgio andrebbe *if he had* tempo. 2. Se egli *had done* il compito il maestro non lo avrebbe punito. 3. sarei felice se essi *would come*. 4. Saresti felice *if I sang*? 5. Sarai felice *if I sing*? 6. Se egli *had spoken to me* io lo avrei ascoltato. 7. Se egli *speaks* io l'ascolto. 8. Giulietta canterebbe *if she had* una bella voce. 9. Se voi *will do* il compito io non vi punirò. 10. Se voi *had done* il compito io non vi avrei puniti. 11. Sebbene io *had never seen him,* io lo conobbi subito. 12. Mi diede uno schiaffo senza che io *had done him* nulla. 13. Benchè quella ragazza *is* bella, non mi fa simpatia. 14. Ti darò un dollaro a patto che tu *do not spend it* tutto. 15. In caso che egli *comes* non gli dire che sono uscito con Silvia. 16. Ripasseremo questa lezione di modo che voi *can* superare l'esame. 17. Io so ciò che vuoi dire prima che tu *open* la bocca. 18. Vi diremo questo purchè voi non lo *tell* a nessuno. 19. Ti presterò il mio libro affinchè tu *can* fare il compito. 20. Disse che mi aveva visto senza che egli *had been* là.

B. 1. Anche se essa *were* ricca io non la sposerei. 2. Io *would not have punished him* se mi avesse detto la verità. 3. Se egli mi dirà la verità io *shall not punish him.* 4. Non saprei che cosa fare se voi *were not here.* 5. Non lo ricordo, sebbene io *have seen him* diverse volte. 6. Non gli dare la ricevuta a meno che egli non *gives you* il denaro. 7. Se essa *comes,* io vado. 8. Se essa *came,* io andrei. 9. Se essa *had come,* io sarei andato. 10. Noi lavoreremo per voi se voi *will pay us* bene. 11. Sebbene egli *does not study,* ottiene sempre buoni punti. 12. Sebbene egli *did not study,* otteneva sempre buoni punti. 13. Sebbene egli *has not studied,* ha ottenuto buoni punti. 14. Benchè essi *spoke* italiano, io non li capivo. 15. Benchè essi *speak* italiano, io non li capisco. 16. Se voi *loved me,* non fareste tanto chiasso. 17. Se egli *is* in casa voi gli parlerete. 18. Se egli *were* in casa voi gli parlereste. 19. Facciamo la pulizia prima che *arrive* gli amici. 20. Facemmo la pulizia prima che *arrived* gli amici.

III—*Translate the following sentences into Italian:*

1. If he did this I would be very happy. 2. If you had understood the lesson you wouldn't ask questions. 3. If you understand the lesson don't ask questions. 4. I would sing if I had a good voice. 5. If they had money they wouldn't give it to you. 6. Although he is rich he is not happy. 7. The teacher will not let you come unless you come with your mother. 8. Without my having said anything, he got up and went away. 9. Without saying anything, he got up and went away. 10. Don't do anything before I come. 11. He ate all the cherries before his brother returned from school. 12. Although he is your friend I don't trust him (fidarsi di). 13. If they played a tango we would dance. 14. If she had listened (to) her mother she would be much happier. 15. I would not have gone there if I had known this. 16. If they have the money I will sell them the bicycle. 17. Before he leaves we shall go to say good-bye to him. 18. How can you learn if you never listen to the teacher? 19. Would she cry if she were happy?

XIX—Augmentatives and Diminutives

The Italian language is greatly enriched by the frequent use of suffixes. However, the mastery of their use is difficult for anyone who does not know the language thoroughly, because not all nouns are altered alike, and because many words assume an entirely different meaning when a suffix is added to them.

A few of the most common suffixes are given here. The student is warned to use them cautiously.

Augmentatives

I. The suffix -*one* is attached to a noun or adjective (after dropping the final vowel) to denote BIGNESS. The resulting word, if a substantive, is always *masculine*, unless the original has regular forms for both genders.

Examples: libro —– librone
            bicchiere — bicchierone
            donna — donnone (m.)

BUT: ragazzo — ragazzone — ragazzona
       vecchio — vecchione — vecchiona
       sposo — sposone — sposona

ADJECTIVES so augmented have forms for both genders.

Examples: ignorante — ignorantone — ignorantona
            ricco — riccone — riccona

II. The suffix -*accio* (fem. -*accia*) is added to several nouns and adjectives to denote BIGNESS in a disparaging sense.

Examples: donna — donnaccia
            ragazzo — ragazzaccio
            cattivo — cattivaccio

III. The suffix -*otto* (sometimes -*occio*) denotes *mediocre bigness*

Examples: giovane — giovanotto
grasso — grassotto *or* grassoccio
signore — signorotto

Diminutives

I.   The suffix -*ino* denotes *smallness* and often *grace*.

Examples: bicchiere — bicchierino
piede — piedino
caro — carino
donna — donnina

If the original word ends in -*one* or -*ona* the suffix -*cino* (or -*cina*) is used.

Examples: padrone — padroncino
corona — coroncina
bottone — bottoncino

II. Other common suffixes used in the sense of -*ino* are:

Examples:

-*icino*	libro	libricino
-*olino*	pesce	pesciolino
-*etto*	ragazzo	ragazzetto
	stanza	stanzetta
-*ello*	asino	asinello
	povero	poverello
-*uccio*	casa	casuccia

III. Proper nouns are very often used in their diminutive form.

Examples: Carlo — Carlino or Carluccio
Giovanni — Giovannino or Giovannuccio
Rosa — Rosina
Carmela — Carmelina or Carmeluccia
Maria — Marietta or Mariuccia

IV. The following is a partial list of common words which cannot be altered in the usual manner because the resulting words already exist, and have a meaning of their own.

1. burro	— butter	burrone	— cliff, precipice
2. matto	— crazy	mattone	— brick, tile
matto	— crazy	mattino	— morning
3. padre	— father	padrone	— owner, master
padre	— father	padrino	— godfather
4. monte	— mountain	montone	— ram
5. mulo	— mule	mulino	— mill
6. botte	— barrel	bottone	— button
botte	— barrel	bottino	— booty
7. tacco	— heel	tacchino	— turkey
8. torre	— tower	torrone	— almond candy
9. lato	— side	latino	— Latin
10. gallo	— rooster	gallone	— officer's stripe, gallon
11. bocca	— mouth	boccone	— mouthful

EXERCISES

I—*By using an appropriate suffix alter the following words so that they will express:*

A—Bigness

1. un letto
2. il fanciullo
3. un braccio
4. una mano
5. il piede
6. un amico
7. un'amica
8. un cappello
9. cattivo
10. una stanza
11. onesto
12. la lettera
13. stupido
14. una bambola
15. intelligente

B—Bigness in a Disparaging Sense

1. un asino
2. la parola
3. uno stupido
4. un villano
5. una donna
6. un armadio
7. sgarbato
8. un vecchio
9. la vecchia
10. un vento
11. una nuvola
12. verde
13. un giornale
14. una lingua
15. rosso

C—Smallness

1. la stanza	6. la padrona	11. il pallone
2. una fanciulla	7. il giardino	12. la scala
3. un vecchio	8. un leone	13. la nuvola
4. il portone	9. un cavallo	14. piccolo
5. un cappello	10. la scarpa	15. un bastone

II—*Express the following by means of augmentatives or diminutives.* Examples: una brutta casa — una casaccia.

1. un dito grande	14. una-cara e piccola fanciulla
2. una barba graziosa	15. una poltrona piccola e graziosa
3. una strada grande	16. un cappello grande
4. una strada piccola	17. un cappello grande a brutto
5. un lavoro grande e brutto	18. un lavoro grazioso
6. un lavoro enorme	19. una saliera grande
7. un giornale grande	20. un vento furioso
8. un giornale piccolo	21. una gallina piccola
9. un inverno brutto	22. una gallina grande
10. un gran poeta	23. una gallina grande e brutta
11. un cattivo poeta	24. un uomo molto ricco
12. un paese grazioso	25. un povero che fa pietà
13. dei dolci cattivi	

Table of Irregular Verbs

NOTE: Only the irregular tenses and those which may present some difficulty in spelling are given.

The following abbreviations are used for the tenses:

Pres. — Presente
Fut. — Futuro
P. P. — Passato Prossimo
P. R. — Passato Remoto
Cond. — Condizionale
Impf. — Imperfetto
Impv. — Imperativo
Cong. Pres. — Congiuntivo Presente
Cong. Impf. — Congiuntivo Imperfetto
Part. Pres. — Participio Presente

1. ACCENDERE — to light, to put on (the light)
   P.P. — io ho acceso, tu hai acceso, etc.
   P.R. — accesi, accendesti, accese, accendemmo, accendeste, accesero.

2. ACCORGERSI — to notice, to perceive
   P.P. — mi sono accorto, ti sei accorto, etc.
   P.R. — mi accorsi, ti accorgesti, si accorse, ci accorgemmo, vi accorgeste, si accorsero.
   Impv. — accorgiti, si accorga, accorgiamoci, accorgetevi, si accorgano.

3. ACCLUDERE — to inclose
   P.P. — ho accluso, hai accluso, etc.
   P.R. — acclusi, accludesti, accluse, accludemmo, accludeste, acclusero.

4. ANDARE — to go
   Pres. — vado, vai, va, andiamo, andate, vanno.
   Fut. — andrò, andrai, andrà, andremo, andrete, andranno.
   Cond. — andrei, andresti, andrebbe, andremmo, andreste, andrebbero.
   P.P. — sono andato, sei andato, etc.
   Impv. — va', vada, andiamo, andate, vadano.
   Cong. Pres. — vada, vada, vada, andiamo, andiate, vadano.

5. APPENDERE — to hang
   P.P. — ho appeso, hai appeso, etc.
   P.R. — appesi, appendesti, appese, appendemmo, appendeste, appesero.

6. APRIRE — to open
   P.P. — ho aperto, hai aperto, etc.
   P.R. — apersi *or* aprii, apristi, aperse *or* aprì, aprimmo, apriste apersero *or* aprirono.

7. AVERE — to have
   Pres. — ho, hai, ha, abbiamo, avete, hanno.
   P.R. — ebbi, avesti, ebbe, avemmo, aveste, ebbero.

Fut. — avrò, avrai, avrà, avremo, avrete, avranno.
Cond. — avrei, avresti, avrebbe, avremmo, avreste, avrebbero.
Impv. — abbi, abbia, abbiamo, abbiate, abbiano.
Cong. Pres. — abbia, abbia, abbia, abbiamo, abbiate, abbiano.

8. BERE or BEVERE — to drink

Pres. — bevo, bevi, beve, beviamo, bevete, bevono.
Fut. — berrò, berrai, berrà, berremo, berrete, berranno.
Cond. — berrei, berresti, berrebbe, berremmo, berreste, berrebbero.
P.P. — ho bevuto, hai bevuto, etc.
P.R. — bevvi, bevesti, bevve, bevemmo, beveste, bevvero.
Impf. — bevevo, bevevi, beveva, bevevamo, bevevate, bevevano.
Impv. — bevi, eva, beviamo, bevete, bevano.
Cong. Pres. — beva, beva, beva, beviamo, beviate, bevano.
Cong. Impf. — bevessi, bevessi, bevesse, bevessimo, beveste, bevessero.

9. CADERE — to fall

P.P. — sono caduto, sei caduto, etc.
P.R. — caddi, cadesti, cadde, cademmo, cadeste, caddero.
Fut. — cadrò, cadrai, cadrà, cadremo, cadrete, cadranno.
Cond. — cadrei, cadresti, cadrebbe, cadremmo, cadreste, cadrebbero.

10. CHIEDERE — to ask

P.P. — ho chiesto, hai chiesto, etc.
P.R. — chiesi, chiedesti, chiese, chiedemmo, chiedeste, chiesero.

11. CHIUDERE — to close, to shut

P.P. — ho chiuso, hai chiuso, etc.
P.R.—chiusi, chiudesti, chiuse, chiudemmo, chiudeste, chiusero.

12. COGLIERE — to gather, to pick

Pres. — colgo, cogli, coglie, cogliamo, cogliete, colgono.
P.P. — ho colto, hai colto, etc.
P.R — colsi, cogliesti, colse, cogliemmo, coglieste, colsero.
Impv. — cogli, colga, cogliamo, cogliete, colgano.
Cong. Pres. — colga, colga, colga, cogliamo, cogliate, colgano.

13. COMPIRE or COMPIERE — to accomplish

Pres. — compio, compi, compie, compiamo, compite, compiono
P.P. — ho compito, *or* ho compiuto, etc.
P.R. — compii, compisti, compì, compimmo, compiste, compirono.
Fut. — compirò, compirai, compirà, compiremo, compirete, compiranno.
Cond. — compirei, compiresti, etc.
Impf. — compivo *or* compievo, etc.
Impv. — compi, compia, compiamo, compite, compiano.
Cong. Pres. — compia, compia, compia, compiamo, compiate, compiano.
Cong. Impf. — compissi *or* compiessi, etc.

14. CONDURRE (Conducere)—to lead, to conduct, to take (someone to some place)

Pres. — conduco, conduci, conduce, conduciamo, conducete, conducono.
Fut. — condurrò. condurrai, condurrà, condurremo, condurrete, condurranno.
Cond. — condurrei, condurresti, etc.
P.P. — ho condotto, hai condotto, etc.
P.R. — condussi, conducesti, condusse, conducemmo, conduceste, condussero.
Impf. — conducevo, conducevi, etc.
Impv. — conduci, conduca, conduciamo, conducete, conducano.
Cong. Pres. — conduca, conduca, conduca, conduciamo, conduciate, conducano.
Cong. Impf. — conducessi, conducessi, conducesse, etc.
Gerundio — conducendo.

15. CONOSCERE — to know (usually to know someone)

P.P. — ho conosciuto, etc.
P.R. — conobbi, conoscesti, conobbe, conoscemmo, conosceste, conobbero.

16. COPRIRE — to cover

P.P. — ho coperto, hai coperto, etc.

17. CORREGGERE — to correct

P.P. — ho corretto, hai corretto, etc.
P.R. — corressi, correggesti, corresse, eorreggemmo, correggeste, corressero.

18. CORRERE — to run

P.P. — ho corso, hai corso, etc. *or* sono corso, sei corso, etc. (From one place to another)
P.R. — corsi, corresti, corse, corremmo, correste, corsero.

19. CRESCERE — to grow

P.P. — sono cresciuto, sei cresciuto, etc.
P.R. — crebbi, crescesti, crebbe, crescemmo, cresceste, crebbero

20. DARE — to give

Pres. — do, dai, dà, diamo, date, danno.
P.P. — ho dato, hai dato, etc.
P.R. — diedi, desti, diede, demmo, deste, diedero.
Fut. — darò, darai, darà, daremo, darete, daranno.
Cond. — darei, daresti, darebbe, daremmo, dareste, darebbero.
Impf. — davo, davi, dava, davamo, davate, davano.
Impv. — da', dia, diamo, date, diano.
Cong. Pres. — dia, dia, dia, diamo, diate, diano.
Cong. Impf. — dessi, dessi, desse, dessimo, deste, dessero.

21. DECIDERE — to decide

P.P. — ho deciso, hai deciso, etc.
P.R. — decisi, decidesti, decise, decidemmo, decideste, decisero.

22. DIFENDERE — to defend

P.P. — ho difeso, hai difeso, etc.
P.R. — difesi, difendesti, difese, difendemmo, difendeste, difesero.

23. DIPINGERE — to paint, to depict

Pres. — dipingo, dipingi, dipinge, dipingiamo, dipingete, dipingono.

P.P. — ho dipinto, hai dipinto, etc.
P.R. — dipinsi, dipingesti, dipinse, dipingemmo, dipingeste, dipinsero.

24. DIRE — to say, to tell, (conjugated from old form DICERE)
Pres. — dico, dici, dice, diciamo, dite, dicono.
P.P. — ho detto, hai detto, etc.
P.R. — dissi, dicesti, disse, dicemmo, diceste, dissero.
Fut. — dirò, dirai, dirà, diremo, direte, diranno.
Cond. — direi, diresti, direbbe, diremmo, direste, direbbero.
Impf. — dicevo, dicevi, diceva, dicevamo, dicevate, dicevano.
Impv. — di' (*or* dici), dica, diciamo, dite, dicano.
Cong. Impf. — dicessi, dicessi, dicesse, dicessimo, diceste, dicessero.
Gerundio — dicendo.

25. DIRIGERE — to direct
Pres. — dirigo, dirigi, dirige, dirigiamo, dirigete, dirigono.
P.P. — ho diretto, hai diretto, etc.
P.R. — diressi, dirigesti, diresse, dirigemmo, dirigeste, diressero.

26. DISCUTERE — to discuss
P.P. — ho discusso, hai discusso, etc.
P.R. — discussi, discutesti, discusse, discutemmo, discuteste, discussero.

27. DISTINGUERE — to distinguish
Pres. — distinguo, distingui, distingue, distinguiamo, distinguete, distinguono.
P.P. — ho distinto, hai distinto, etc.
P.R. — distinsi, distinguesti, distinse, distinguemmo, distingueste, distinsero.

28. DIVIDERE — to divide
P.P. — ho diviso, hai diviso, etc.
P.R. — divisi, dividesti, divise, dividemmo, divideste, divisero.

29. DOVERE — to have to, must
Pres. — devo *or* debbo, devi, deve, dobbiamo, dovete, devono *or* debbono.

P.R. — dovei *or* dovetti, dovesti, dovè *or* dovette, dovemmo, doveste, doverono *or* dovettero.
Fut. — dovrò, dovrai, dovrà, dovremo, dovrete, dovranno.
Cond. — dovrei, dovresti, dovrebbe, dovremmo, dovreste, dorebbero.
Cong Pres. — deva, deva deva (*or* debba, debba, debba,), dobbiamo, dobbiate, devano *or* debbano.

30. ESPRIMERE — to express

P.P. — ho espresso, hai espresso, etc.
P.R. — espressi, esprimesti, espresse, esprimemmo, esprimeste, espressero.

31. ESSERE — to be

Pres. — sono, sei, è, siamo, siete, sono.
P.P. — sono stato, sei stato, etc.
P.R. — fui, fosti, fu, fummo, foste, furono.
Fut. — sarò, sarai, sarà, saremo, sarete, saranno.
Cond. — sarei, saresti, sarebbe, saremmo, sareste, sarebbero.
Impf. — ero, eri, era, eravamo, eravate, erano.
Impv. — sii, sia, siamo, siate, siano.
Cong. Pres. — sia, sia, sia, siamo, siate, siano.
Cong. Impf. — fossi, fossi, fosse, fossimo, foste, fossero.

32. FARE — to do, to make (old form FACERE)

Pres. — fo *or* faccio, fai, fa, facciamo, fate, fanno.
P.P. — ho fatto, hai fatto, etc.
P.R. — feci, facesti, fece, facemmo, faceste, fecero.
Fut. — farò, farai, farà, faremo, farete, faranno.
Cond. — farei, faresti, farebbe, faremmo, fareste, farebbero.
Impf. — facevo, facevi, etc.
Impv. — fa', faccia, facciamo, fate, facciano.
Cong. Impf. — facessi, facesti, etc.
Gerundio — facendo.

33. FINGERE — to pretend

P.P. — ho finto, hai finto,, etc.
P.R. — finsi, fingesti, finse, fingemmo, fingeste, finsero.

34. GIUNGERE — to arrive, to reach

P.P. — sono giunto, sei giunto, etc.
P.R. — giunsi, giungesti, giunse, giungemmo, giungeste, giunsero.

35. LEGGERE — to read

P.P. — ho letto, hai letto, etc.
P.R. — lessi, leggesti, lesse, leggemmo, leggeste, lessero.

36. METTERE — to put; METTERSI A — to begin; METTERSI to wear

P.P. — ho messo, hai messo, etc.
P.R. — misi, mettesti, mise, mettemmo, metteste, misero.

37. MORDERE — to bite
P.P. — ho morso, hai morso, etc.
P.R. — morsi, mordesti, morse, mordemmo, mordeste, morsero.

38. MORIRE — to die
Pres. — muoio, muori, muore, moriamo, morite, muoiono.
P.P. — sono morto, sei morto, etc.
Fut. — morrò, morrai, morrà, morremo, morrete, morranno.
    ALSO morirò, morirai, etc.
Cond. — morrei, morresti, morrebbe, morremmo, morreste, morrebbero. *ALSO* morirei, moriresti, etc.
Impv. — muori, muoia, moriamo, morite, muoiano.
Cong. Pres. — muoia, muoia, muoia, moriamo, moriate, muoiano.

39. MUOVERE — to move (*not* to change residence)
Pres. — muovo, muovi, muove, moviamo, movete, muovono.
P.P. — ho mosso, hai mosso, etc.
P.R. — mossi, movesti, mosse, movemmo, moveste, mossero.
Impv. — muovi, muova, moviamo, movete, muovano.
Cong. Pres. — muova, muova, muova, moviamo, moviate, muovano.

40. NASCERE — to be born
P.P. — sono nato, sei nato, etc.
P.R. — egli nacque, essi nacquero.

41. NASCONDERE — to hide, to conceal

P.P. — ho nascosto, hai nascosto, etc.
P.R. — nascosi, nascondesti, nascose, nascondemmo, nascondeste, nascosero.

42. OFFENDERE — to offend

P.P. — ho offeso, hai offeso, etc.
P.R. — offesi, offendesti, offese, offendemmo, offendeste, offesero.

43. OFFRIRE — to offer

P.P. — ho offerto, hai offerto, etc.
P.R. — offrii *or* offersi, offristi, offrì *or* offerse, offrimmo, offriste, offrirono *or* offersero.

44. PERDERE — to lose

P.P. — ho perso *or* ho perduto, hai perso *or* hai perduto, etc.
P.R. — persi *or* perdei *or* perdetti, perdesti, perse *or* perdè *or* perdette, perdemmo, perdeste, perderono *or* persero *or* perdettero.

45. PIACERE — to like, to please, to be pleasing.

NOTE: This verb is most commonly used in the third person singular or plural. The "thing" or "person" liked becomes the subject of the Italian sentence, and the person who likes it becomes the indirect object. Thus the sentence "He likes the book" becomes "The book is pleasing to him"—*Il libro gli piace.*
Pres. — piaccio, piaci, piace, piacciamo, piacete, piacciono.
P.P. — sono piaciuto, sei piaciuto, etc.
P.R.—piacqui, piacesti, piacque, piacemmo, piaceste, piacquero.
Impv. — piaci, piaccia, piacciano, piacete, piacciano.
Cong. Pres. — piaccia, piaccia, piaccia, piacciamo, piacciate, piacciano.

46. PIANGERE — to cry, to weep

P.P. — ho pianto, hai pianto, etc.
P.R. — piansi, piangesti, pianse, piangemmo, piangeste, piansero.

47. **PORRE (PONERE)** — to put, to place

Pres. — pongo, poni, pone, poniamo, ponete, pongono.
P.P. — ho posto, hai posto, etc.
P.R. — posi, ponesti, pose, ponemmo, poneste, posero.
Fut. — porrò, porrai, porrà, porremo, porrete, porranno.
Cond. — porrei, porresti, porrebbe, porremmo, porreste, porrebbero.
Impv. — poni, ponga, poniamo, ponete, pongano.
Cong. Pres. — ponga, ponga, ponga, poniamo, poniate, pongano.

48. **POTERE** — to be able to, can, may

Pres. — posso, puoi, può, possiamo, potete, possono.
Fut. — potrò, potrai, potrà, potremo, potrete, potranno.
Cond. — potrei, potresti, potrebbe, potremmo, potreste, potrebbero.
Cong. Pres. — possa, possa, possa, possiamo, possiate, possano.

49. **PRENDERE** — to take

P.P. — ho preso, hai preso, etc.
P.R. — presi, prendesti, prese, prendemmo, prendeste, presero.

50. **PROTEGGERE** — to protect

P.P. — ho protetto, hai protetto, etc.
P.R. — protessi, proteggesti, protesse, proteggemmo, proteggeste, protessero.

51. **RADERE** — to shave; **RADERSI** — to have oneself

P.P. — ho raso, hai raso, etc.
mi sono raso, ti sei raso, etc.
P.R. — rasi, radesti, rase, rademmo, radeste, rasero.

52. **RENDERE** — to give back, to render

P.P. — ho reso, hai reso, etc.
P.R. — resi, rendesti, rese, rendemmo, rendeste, resero.

53. **RIDERE** — to laugh

P.P. — ho riso, hai riso, etc.
P.R. — risi, **ridesti,** rise, ridemmo, rideste, risero.

54. RIMANERE — to remain

Pres. — rimango, rimani, rimane, rimaniamo, rimanete, riman-
gono.

P.P. — sono rimasto, sei rimasto, etc.

P.R. — rimasi, rimanesti, rimase, rimanemmo, rimaneste, rimasero.

Fut. — rimarrò, rimarrai, rimarrà, rimarremo, rimarrete, ri-
marranno.

Cond. — rimarrei, rimarresti, etc.

Impv. — rimani, rimanga, rimaniamo, rimanete, rimangano.

Cong. Pres. — rimanga, rimanga, rimanga, rimaniamo, rima-
niate, rimangano.

55. RISPONDERE — to answer, to reply

P.P. — ho risposto, hai risposto, etc.

P.R. — risposi, rispondesti, rispose, rispondemmo, rispondeste,
risposero.

56. ROMPERE — to break

P.P. — ho rotto, hai rotto, etc.

P.R. — ruppi, rompesti, ruppe, rompemmo, rompeste, ruppero.

57. SALIRE — to go up, to climb

Pres. — salgo, sali, sale, saliamo, salite, salgono.

P.P. — sono salito, sei salito, etc.

ho salito, hai salito, etc. (when used with direct object)

Impv. — sali, salga, saliamo, salite, salgano.

Cong. Pres. — salga, salga, salga, saliamo, saliate, salgano.

58. SAPERE — to know (to have knowledge of)

Pres. — so, sai, sa, sappiamo, sapete, sanno.

P.R. — seppi, sapesti, seppe, sapemmo, sapeste, seppero.

Fut. — saprò, saprai, saprà, sapremo, saprete, sapranno.

Cond. — saprei, sapresti, saprebbe, sapremmo, sapreste, sa-
prebbero.

Impv. — sappi, sappia, sappiamo, sappiate, sappiano.

Cong. Pres. — sappia, sappia, sappia, sappiamo, sappiate,
sappiano.

50. SCEGLIERE — to choose, to select

Pres. — scelgo, scegli, sceglie, scegliamo, scegliete, scelgono.

P.P. — ho scelto, hai scelto, etc.
P.R. — scelsi, scegliesti, scelse, scegliemmo, sceglieste, scelsero.
Fut. — sceglierò. sceglierai, etc.
Impv. — scegli, scelga, scegliamo, scegliete, scelgano.
Cong. Pres. — scelga, scelga, scelga, scegliamo, scegliate, scelgano.

60. SCENDERE — to go down, to descend
    P.P. — sono sceso, sei sceso, etc.
          ho sceso, hai sceso, etc. (when used with a direct object)
    P.R. — scesi, scendesti, scese, scendemmo, scendeste, scesero.

61. SCIOGLIERE — to untie (*also* to melt)
    Pres. — sciolgo, sciogli, scioglie, sciogliamo, sciogliete, sciolgono.
    P.P. — ho sciolto, hai sciolto, etc.
    P.R. — sciolsi, sciogliesti, sciolse, sciogliemmo, scioglieste, sciolsero.
    Fut. — scioglierò *or* sciorrò, etc.
    Cond. — scioglierei, *or* sciorrei, etc.
    Impv. — sciogli, sciolga, sciogliamo, sciogliete, sciolgano.
    Cong. Pres. — sciolga, sciolga, sciolga, sciogliamo, sciogliate, sciolgano.

62. SCOPRIRE — to discover
    P.P. — ho scoperto, hai scoperto, etc.
    P.R. — scoprii *or* scopersi, scopristi, scoprì *or* scoperse, scoprimmo, scopriste, scoprirono *or* scopersero.

63. SCRIVERE — to write
    P.P. — ho scritto, hai scritto, etc.
    P.R. — scrissi, scrivesti, scrisse, scrivemmo, scriveste, scrissero.

64. SEDERE — to it, to sit down — SEDERSI — to sit down
    Pres. — seggo *or* siedo, siedi, siede, sediamo, sedete, seggono *or* siedono.
    Impv. — siedi, sieda *or* segga, sediamo, sedete, siedano *or* seggano.
    Cong. Pres. — sieda, sieda, sieda *or* segga, segga segga, sediadiamo, sediate, siedano *or* seggano.

65. SOFFRIRE — to suffer
   P.P. — ha sofferto, hai sofferto, etc.
   P.R. — soffrii or soffersi, soffristi, soffrì or sofferse, soffrimmo, soffriste, soffrirono or soffersero.

66. SPEGNERE or SPENGERE — to extinguish, to put out (fire, light, etc.)
   Pres. — (regular) also spengo, essi spengono.
   P.P. — ho spento, hai spento, etc.
   P.R. — spensi, spegnesti, spense, spegnemmo, spegneste, spensero.
   Impv. — spegni, spenga or spegna, spegniamo, spegnete, spengano or spegnano.

67. SPENDERE — to spend
   P.P. — ho speso, hai speso, etc.
   P.R. — spesi, spendesti, spese, spendemmo, spendeste, spesero.

68. SPINGERE — to push, to shove, to thrust
   P.P. — ho spinto, hai spinto, etc.
   P.R. — spinsi, spingesti, spinse, spingemmo, spingeste, spinsero.

69. STARE — to say (sometimes to be.) STARE IN PIEDI — to stand, to be standing.
   Pres. — sto, stai, sta, stiamo, state, stanno.
   Fut. — starò, starai, etc.
   Cond. — starei, staresti, etc.
   P.P. — sono stato, sei stato, etc.
   P.R. — stetti, stesti, stette, stemmo, steste, stettero.
   Impv. — sta', stia, stiamo, state, stiano.
   Cong. Pres. — stia, stia, stia, stiamo, stiate, stiano.
   Cong. Impf. — stessi, stessi, stesse, stessimo, steste, stessero

70. STRINGERE — to hold tight, to grasp, to squeeze, to bind fast — STRINGERE LA MANO — to shake hands.
   P.P. — ho stretto, hai stretto, etc.
   P.R. — strinsi, stringesti, strinse, stringemmo, stringeste, strinsero.

71. TENERE — to hold, to have, to keep
   Pres. — tengo, tieni, tiene, teniamo, tenete, tengono.
   P.R. — tenni, tenesti, tenne, tenemmo, teneste, tennero.

Fut. — terrò, terrai, terrà, terremo, terrete, terranno.
Cond. — terrei, terresti, etc.
Impv. — tieni, tenga, teniamo, tenete, tengano.
Cong. Pres. — tenga, tenga, tenga, teniamo, teniate, tengano.

72. **TOGLIERE** — to take away, to remove
Pres. — tolgo, togli, toglie, togliamo, togliete, tolgono.
P.P. — ho tolto, hai tolto, etc.
P.R. — tolsi, togliesti, tolse, togliemmo, toglieste, tolsero.
Fut. — torrò, torrai, etc. (*Also* regular forms: toglierò, etc.)
Cond.—torrei, torresti, etc. (*Also* regular forms: toglierei, etc.)
Impv. — togli, tolga, togliamo, togliete, tolgano.
Cong. Pres. — tolga, tolga, tolga, togliamo, togliate, tolgano.

73. **TOSSIRE** — to cough (This is a regular ISCO verb)

74. **TRADURRE** (traducere) — to translate
Pres. — traduco, traduci, etc.
P.P. — ho tradotto, hai tradotto, etc.
P.R. — tradussi, traducesti, tradusse, traducemmo, traduceste, tradussero.
Fut. — tradurrò, tradurrai, etc.
Cond. — tradurrei, tradurresti, etc.
Impf. — traducevo, traducevi, etc.
Impv. — traduci, traduca, traduciamo, traducete, traducano.
Cong. Pres. — traduca, traduca, traduca, traduciamo, traduciate, traducano.
Cong. Impf. — traducessi, traducessi, etc.
Gerundio — traducendo.

75. **UCCIDERE** — to kill
P.P. — ho ucciso, hai ucciso, etc.
P.R. — uccisi, uccidesti, uccise, uccidemmo, uccideste, uccisero.

76. **UDIRE** — to hear
Pres. — odo, odi, ode, udiamo, udite, odono.
Fut. — udrò, udrai, etc. (*Also* regular forms: udirò, etc.)
Cond. — udrei, udresti, etc. (*Also* regular forms: *udirei*, etc.)
Impv. — odi, oda, udiamo, udite, odano.
Cong. Pres. — oda, oda, oda, udiamo, udiate, odano.

77. USCIRE — to go out
Pres. — esco, esci, esce, usciamo, uscite, escono.
Impv. — esci, esca, usciamo, uscite, escano.

78. VALERE — to be worth
Pres. — valgo, vali, vale, valiamo, valete, valgono.
P.P. — sono valso, sei valso, etc.
P.R. — valsi, valesti, valse, valemmo, valeste, valsero.
Fut. — varrò, varrai, etc.
Cond. — varrei, varresti, etc.
Impv. — vali, valga, valiamo, valete, valgano.

79. VEDERE — to see
P.P. — ho visto, hai visto, etc. *Also* ho veduto, hai veduto, etc.
P.R. — vidi, vedesti, vide, vedemmo, vedeste, videro.
Fut. — vedrò, vedrai, etc.
Cond. — vedrei, vedresti, etc.

80. VENIRE — to come
Pres. — vengo, vieni, viene, veniamo, venite, vengono.
P.R. — venni, venisti, venne, venimmo, veniste, vennero.
Fut. — verrò, verrai, etc.
Cond. — verrei, verresti, etc.
Impv. — vieni, venga, veniamo, venite, vengano.
Cong. Pres. — venga, venga, venga, veniamo, veniate, vengano.

81. VINCERE — to win
P.P. — ho vinto, hai vinto, etc.
P.R. — vinsi, vincesti, vinse, vincemmo, vinceste, vinsero.

82 — VIVERE — to live (NOT to reside)
Fut. — vivrò, vivrai, etc.
Cond. — vivrei, vivresti, etc.
ho vissuto, hai vissuto, etc. (When used with direct object)

83. VOLERE — to want, to be willing, to desire, to wish
Pres. — voglio, vuoi, vuole, vogliamo, volete, vogliono.
P.R. — volli, volesti, volle, volemmo, voleste, vollero.
Fut. — vorrò, vorrai, etc.
Cond. — vorrei, vorresti, etc.
Impv. — vogli, voglia, vogliamo, vogliate, vogliano.
Cong. Pres. —voglia, voglia, voglia, vogliamo, vogliate, vogliano.

Topical Vocabulary

LA CASA — *THE HOUSE*

1. l'armadio — *the closet*

2. l'ascensore (m.) — *the elevator*

3. la camera da bagno *or* il bagno — *the bathroom*
   a) il lavabo—*the wash-stand*
   b) il rubinetto—*the faucet*
   c) l''asciugamano—*the towel*
   d) lo specchio—*the mirror*
   e) il pettine—*the comb*
   f) lo spazzolino—*the tooth brush*
   g) il dentifricio—*the tooth paste*
   h) il gabinetto—*the lavatory*
   i) la vasca—*the bath tub*
   j) la doccia—*the shower*
   k) il sapone—*the soap*
   l) la spazzola—*the brush*

4. la camera da letto — *the bed room*
   a) il letto—*the bed*
   b) il materasso—*the mattress*
   c) il cuscino *or* il guanciale — *the pillow*
   d) il lenzuolo (le lenzuola) — *the sheet*
   e) la coperta—*the blanket*

5. il calorifero *or* il termosifone — *the radiator*
   il calore *or* il riscaldamento — *the heat*

6. il corridoio — *the corridor*

7. la cucina — *the kitchen*
   a) il gas—*the gas*
   b) la stufa—*the stove*
   c) il frigorifero—*the refrigerator*
   d) il congelatore—*the freezer*
   e) la scopa—*the broom*
   f) la pentola—*the pot*
   g) la padella—*the frying pan*
   h) la casseruola—*the casserole, sauce-pan*
   i) il coperchio—*the cover*
   j) la caffettiera—*the coffee pot*
   k) i fiammiferi—*the matches*
   l) l'acquaio—*the sink*
   m) il lavatoio—*the washtub*
   n) la carta cerata—*the wax paper*
   o) la macchina da lavare—*the washing machine*
   p) l'aspirapolvere—*the vacuum cleaner.*

8. la dispensa — *the pantry*
9. l'entrata — *the entrance*
10. la finestra — *the window*
11. il muro — *the (outside) wall*
12. la parete — *the (inside) wall*
13. il pavimento — *the floor*
14. la porta — *the door*
15. la sala da pranzo — *the dining room*
16. il salotto — *the living room*
    a) il divano—*the sofa*
    b) la poltrona—*the easy chair*
    c) il pianoforte—*the piano*
    d) lo sgabello—*the stool*
    e) la radio—*the radio*
    f) la sedia—*the chair*
    g) il tappeto—*the rug*
    h) il tavolino—*the small table*
    i) la lampada—*the lamp, the globe*
    j) la lampadina—*the (electric) bulb*
    k) il paralume—*the lampshade*
    l) la televisione—*television*
    m) il televisore—*the television set*
17. la scala — *the stairs, the stairway, the ladder*
18. il soffitto — *the ceiling*
19. la stanza, la camera — *the room*
    una camera ammobiliata — *a furnished room*
20. lo studio — *the study*
21. la biblioteca — *the library*
    a) lo scaffale—*the shelf*
    b) la scansia—*the book shelf*
    c) la scrivania—*the desk*
    d) il vaso—*the vase*
    e) il portacenere—*the ash tray*
22. l'uscita — *the exit*
23. l'uscio — *the door, doorway*
24. il tetto — *the roof*
25. la mobilia *or* i mobili — *the furniture*
26. l'attaccapanni — *the clothes tree*
27. la luce elettrica — *the electric light*
28. l'elettricità — *electricity*
29. l'interruttore — *the switch*

LA TAVOLA — *THE TABLE*

1. la bottiglia — *the bottle*
2. il bicchiere *the glass*
3. il coltello — *the knife*
4. il cucchiaio — *the spoon*
5. il cucchiaino — *the tea spoon*
6. la forchetta — *the fork*

7. la pepiera — *the pepper shaker*
8. la saliera—*the salt shaker*
9. il piatto — *the plate, the dish*
10. il piattino — *the saucer*
11. la tazza — *the cup*
12. la tovaglia—*the tablecloth*
13. il tovagliolo—*the napkin*
14. la zuppiera—*the soup bowl*
15. la zuccheriera—*the sugar bowl*
16. il vassoio—*the tray*
17. lo stuzzicadenti—*the toothpick*
18. il posto—*the place*

I CIBI — *THE FOODS*

1. l'arrosto—*the roast*
2. l'antipasto—*the appetizer*
3. il brodo—*the soup*
4. il burro—*the butter*
5. la carne—*the meat*
6. il dolce—*the dessert*
7. il formaggio—*the cheese*
8. la frutta—*the fruit*
9. l'insalata—*the salad*
10. il minestrone—*the vegetable soup*
11. i maccheroni *or* la pasta — *the macaroni*
12. il pane—*bread*
13. gli spaghetti—*spaghetti*
14. i ravioli—*the ravioli*
15. il pesce—*fish*
16. il pollo—*the chicken*
17. l'uovo (le uova)—*the egg (eggs)*
18. la verdura—*the green vegetables*
19. i panini—*the rolls*
20. la torta—*the cake*
21. il gelato—*the ice cream*
22. un panino imbottito (*a sandwich*)

LE BEVANDE — *THE BEVERAGES*

1. l'acqua—*water*
2. la birra—*beer*
3. il caffè—*coffee*
4. la cioccolata—*chocolate*
5. il latte—*milk*
6. il liquore—*liquor*
7. il tè—*tea*
8. il vino—*wine*

I CONDIMENTI — *THE SEASONINGS*

1. l'aceto—*vinegar*
2. l'olio—*the oil*
3. il pepe—*pepper*
4. la salsa—*the sauce*
5. il sale—*salt*
6. lo zucchero — *sugar*

GLI ORTAGGI — *THE VEGETABLES*

1. i pomodori—*tomatoes*
2. il cavolo—*cabbage*
3. il cavolfiore—*cauliflower*
4. i broccoli—*broccoli*
5. la cicoria—*dandelion*
6. la melanzana—*the egg plant*
7. i peperoni—*peppers*
8. i piselli—*peas*
9. i fagiuoli—*beans*
10. i fagiolini—*string beans*
11. la lattuga—*lettuce*
12. gli spinaci—*spinach*
13. le carote—*carrots*
14. le bietole—*beets*
15. il cetriuolo—*cucumber*
16. la zucca—*squash*
17. le lenticchie—*lentils*
18. i ceci —*chick peas*
19. le patate—*potatoes*
20. i ravanelli—*radishes*
21. le rape—*turnips*
22. il finocchio—*the fennel*
23. i carciofi—*artichokes*
14. il sedano—*celery*
25. il prezzemolo—*parsley*
26. il basilico—*basil*
27. l'aglio—*garlic*
28. la cipolla—*the onion*
29. la menta—*mint, peppermint*
30. la salvia—*sage*
31. il timo—*thyme*
32. gli sparagi *or* asparagi—*asparagus*

GLI ALBERI — *THE TREES*

1. il pero—*the pear tree*
2. il melo—*the apple tree*
3. l'arancio—*the orange tree*
4. il limone—*the lemon tree*
5. il fico—*the fig tree*
6. il ciliegio—*the cherry tree*
7. il pesco—*the peach tree*
8. il mandorlo—*the almond tree*
9. il noce—*the walnut tree*
10. la quercia—*the oak tree*
11. il salice—*the willow tree*
12. il prugno or il susino—*the plum tree*
13. l'albicocco—*the apricot tree*
14. il castagno—*the chestnut tree*
15. il pino—*the pine tree*
16. l'ebano—*the ebony tree*
17. il cipresso—*the cypress tree*
18. il pioppo—*the poplar tree*
19. il gelso—*the mulberry tree*
20. l'abete—*the fir tree, spruce tree*
21. l'ulivo—*the olive tree*
22. il cedro—*the cedar tree*
23. l'acero—*the maple tree*
24. il platano—*the plane tree*
25. la vite—*the vine*
26. l'olmo—*the elm tree*

LE FRUTTA — *THE FRUITS*

1. la pera—*the pear*
2. la mela—*the apple*
3. l'arancia—*the orange*
4. il limone—*the lemon*
5. il fico—*the fig*
6. la ciliegia—*the cherry*
7. la fragola—*the strawberry*
8. l'uva—*the grapes* (un grappolo d'uva—*a bunch of grapes*)
9. il mellone—*the melon*
10. la mandorla—*the almond*
11. la noce—*the walnut*
12. le nocciuole—*filberts*
13. la castagna—*the chestnut*
14. la pesca—*the peach*
15. l'albicocca—*the apricot*
16. la prugna—*the plum* (*prunes*, prugne secche)
17. la susina—*the plum*
18. il mandarino—*the tangerine*
19. il pompelmo—*the grapefruit*
20. l'ananasso—*the pineapple*

I FIORI — *THE FLOWERS*

1. la rosa—*the rose*
2. il garofano—*the carnation*
3. la margherita—*the daisy*
4. il giglio—*the lily*
5. il geranio—*the geranium*
6. la gardenia—*the gardenia*
7. la viola mammola — *the violet*
8. la viola di pensiero—*the pansy*
9. il giacinto—the *hyacinth*
10. il gelsomino—*the jasmine*
11. la tuberosa—*the tuberose*
12. il tulipano—*the tulip*
13. il gladiolo—*the gladiolus*
14. la camelia—*the camelia*
15. l'orchidea—*the orchid*
16. la dalia—*dahlia*
17. il papavero—*the poppy* la pianta—*the plant* il giardino—*the garden* il giardiniere—*the gardener* innaffiare i fiori—*to water the flowers*

LA FAMIGLIA — *THE FAMILY*

1. i genitori—*the parents*
2. il babbo—*dad*
3. la mamma—*mother*
4. il padre—*the father*
5. la madre—*the mother*
6. il marito—*the husband*
7. la moglie—*the wife*
8. il figlio—*the son*
9. la figlia—*the daughter*
10. il fratello—*the brother*
11. la sorella—*the sister*
12. il **non**no—*the grandfather*

13. il bisnonno—*the great-grandfather*
14. la nonna—*the grandmother*
15. la bisnonna—*the great-grandmother*
16. i parenti—*the relatives*
17. lo zio—*the uncle*
18. la zia—*the aunt*
19. il cugino, la cugina—*the cousin*
20. il nipote—*the nephew, grandson*
21. la nipote—*the niece, granddaughter*
22. il cognato—*the brother-in-law*
23. la cognata—*the sister-in-law*
24. il suocero—*the father-in-law*
25. la suocera—*the mother-in-law*
26. il genero—*the son-in-law*
27. la nuora—*the daughter-in-law*
28. il padrino—*the godfather*
29. la madrina—*the godmother*
30. il patrigno—*the step-father*
31. la matrigna—*the step-mother*
32. il fratellastro—*the step-brother*
33. la sorellastra—*the step-sister*
34. gli antenati—*the ancestors*
35. i discendenti—*the descendants*

IL CORPO UMANO — *THE HUMAN BODY*

1. la testa—*the head;* i capelli—*the hair*
2. la faccia *or* il viso—*the face*
3. la fronte—*the forehead*
4. il naso—*the nose*
5. le narici—*the nostrils*
6. gli occhi (l'occhio) *the eyes*
7. le ciglia—*the eyelashes*
8. le sopracciglia—*the eyebrows*
9. le palpebre—*the eyelids*
10. le pupille—*the pupils (of the eye)*
11. il cranio—*the skull*
12. la guancia—*the cheek*
13. la bocca—*the mouth*
14. il labbro (le labbra)—*the lip*
15. la lingua—*the tongue*
16. i denti (il dente)—*the teeth*
17. il palato—*the palate*
18. l'orecchio—*the ear*
19. il mento—*the chin*
20. il collo —*the neck*
21. il cervello—*the brain*
22. la nuca—*the nape (back of the neck)*
23. la gola—*the throat*
24. il tronco—*the trunk*
25. le membra—*the limbs*
26. il braccio (le braccia)—*the arm*
27. l'avambraccio—*the forearm*
28. il gomito—*the elbow*
29. il polso—*the wrist*
30. la mano—*the hand*

31. il dito (le dita)—*the finger*
il pollice—*the thumb*
l'indice—*the index finger*
il medio—*the middle finger*
l'anulare—*the ring finger*
il mignolo—*the little finger*
32. le unghie—*the finger nails*
33. il petto—*the chest*
34. il cuore—*the heart*
35. i polmoni (il polmone)— *the lungs*
36. il fegato—*the liver*
37. lo stomaco—*the stomach*
38. gl'intestini—*the intestines*
39. i lombi—*the loins*
40. la spalla—*the shoulder*
41. la schiena—*the back*
42. la spina dorsale—*the backbone*
43. i reni—*the kidneys*
44. le costole—*the ribs*
45. la gamba—*the leg*
46. l'anca—*the hip*
47. la coscia—*the thigh*
48. la caviglia—*the ankle*
49. il polpaccio—*the calf*
50. il calcagno—*the heel*
51. il sangue—*the blood*
52. le vene—*the veins*
53. le arterie—*the arteries*
54. i nervi—*the nerves*
55. la pelle—*the skin*
56. il ginocchio—*the knee*
57. i piedi (il piede)—*the feet*

IL VESTIARIO — *THE CLOTHING*

1. l'abito—*the suit*
2. il vestito—*the suit*
3. le calze—*the stockings*
4. i calzini—*the socks*
5. i calzoni—*the pants, trousers*
6. i cintoli—*the garters*
7. le bretelle—*the suspenders*
8. la correggia—*the strap*
9. il colletto—*the collar*
10. la cravatta—*the necktie*
11. il fazzoletto—*the handkerchief*
12. la fibbia—*the buckle*
13. la giacca—*the jacket*
14. i guanti—*the gloves*
15. l'impermeabile—*the raincoat*
16. il panciotto—*the vest*
17. le scarpe—*the shoes*
18. gli stivali—*the boots*
19. le soprascarpe—*the rubbers*
20. il soprabito—*the overcoat*
21. la sottana—*the slip*
22. la gonnella—*the skirt*
23. la veste—*the dress*
la veste di lana—*the woolen dress*
la veste di seta—*the silk dress*
la veste di cotone—*the cotton dress*
la veste di lino—*the linen dress*

la veste di velluto—*the velvet dress*
24. la cintura—*the belt*
25. la camicia (le camicie)—*the shirt*
26. la veste da camera—*the dressing gown*
27. il pigiama—*the pajamas*
28. il nastro—*the ribbon*
29. il grembiale—*the apron*
30. i polsini—*the cuffs* (of shirt)
31. le mutande—*shorts*
32. la camicetta—*the blouse*
33. il cappello—*the hat*
34. le pantofole—*the slippers*
35. le galosce *or* calosce—*overshoes, rubbers*
36. i risvolti—*cuffs* (of pants)

LE OCCUPAZIONI — *THE OCCUPATIONS*

1. la professione—*the profession*
2. il mestiere—*the trade*
3. il professore—*the professor*
4. la professoressa—*the professor (fem.)*
5. il maestro — *the teacher*
6. il dottore *or* il medico—*the doctor*
7. il chirurgo—*the surgeon*
8. il farmacista—*the pharmacist, the druggist*
9. l'avvocato—*the lawyer*
10. l'ingegnere—*the engineer*
11. l'architetto—*the architect*
12. il dentista—*the dentist*
13. il ragioniere—*the accountant*
14. il contabile—*the bookkeeper*
15. il veterinario—*the veterinary*
16. il giornalista—*the journalist*
    il giornale—*the newspaper*
    la rivista—*the magazine*
    il direttore—*the editor (of a newspaper)*
17. il direttore d'orchestra—*the conductor*
18. il direttore—*the principal (school)*
19. l'editore—*the publisher*
20. l'autore—*the author*
21. lo scrittore (la scrittrice)—*the writer*
22. lo scultore (la scultrice)—*the sculptor*
23. il pittore (la pittrice)—*the painter*
24. il sindaco—*the mayor*

25. il giudice—*the judge*
    la citazione—*the summons*
    la multa—*the fine*
    la cauzione—*the bail*
    il processo—*the trial*
26. il poliziotto—*the policeman*
    la polizia—*the police*
27. il notaio—*the notary public*
28. il bibliotecario—*the librarian*
29. il libraio—*the bookseller*
30. lo stampatore—*the printer*
31. il gioielliere—*the jeweler*
    l'anello—*the ring*
    il diamante—*the diamond*
    la spilla—*the pin*
    la collana—*the necklace*
32. l'orologiaio—*the watchmaker*
33. l'albergatore—*the innkeeper*
34. il cameriere, la cameriera—*the waiter, the waitress*
35. il cuoco—*the cook*
36. l'infermiere, l'infermiera—*the nurse*
37. il pompiere—*the fireman*
    l'incendio—*the fire*
38. il commesso—*the clerk*
39. il commesso viaggiatore—*the traveling salesman*
40. il portalettere—*the letter carrier*
41. l'attore, l'attrice—*the actor, the actress*
42. il musicista—*the musician*
43. il fotografo—*the photographer*
44. il sarto—*the tailor*
45. la sarta—*the dressmaker*
46. la modista—*the milliner*
47. la stenografa—*the stenographer*
48. la dattilografa—*the typist*
    la macchina da scrivere—*the typewriter*
49. il falegname—*the carpenter*
50. il calzolaio—*the shoemaker*
51. il muratore—*the bricklayer*
52. il panettiere *or* il fornaio—*the baker*
53. il dolciere—*the confectioner*

54. il macellaio—*the butcher*
55. il barbiere—*the barber*
    il rasoio—*the razor*
    il rasoio di sicurezza—*the safety razor*
    la lametta—*the razor blade*
57. il commerciante—*the merchant*
58. il pizzicagnolo—*the grocer*
    il negozio di generi alimentari—*the grocery*
59. il pescivendolo—*the fish vender*
60. il pescatore—*the fisherman*
61. il fruttivendolo—*the fruit vender*
62. il marinaio—*the sailor*
63. il meccanico—*the mechanic*
64. l'autista—*the chauffeur*
65. il direttore delle pompe funebri—*the undertaker*
66. il becchino—*the grave digger*
67. il lustrascarpe—*the shoe shiner*
68. lo spazzino—*the street cleaner*
69. il contadino—*the peasant*
70. l'agricoltore—*the farmer*
71. il fabbro—*the blacksmith*
72. l'idraulico—*the plumber*
73. il saldatore—*the welder*
74. l'elettricista—*the electrician*
75. il bracciante—*the laborer*

LA CITTÀ' — THE CITY

1. la strada—*the street, the road, the way*
2. la via—*the street, the avenue, the road, the way*
3. la piazza—*the square*
4. il marciapiede—*the sidewalk*
5. l'edificio—*the building*
6. il palazzo—*the palace, the building*
7. il palazzo di giustizia—*the court house*
8. il castello—*the castle*
9. il municipio—*the City Hall*
10. la banca—*the bank*
    il banchiere—*the banker*
    l'assegno—*the check*

11. il museo—*the museum*
    il quadro—*the picture, the painting*
    la pittura—*painting, the painting, the paint*
    una pittura ad olio—*an oil painting*
    una pittura a pastello—*a pastel painting*
    una pittura ad acquarello—*a water color painting*
    la statua—*the statue*
    una statua di bronzo—*a bronze statue*
    una statua di marmo—*a marble statue*

12. la chiesa—*the church*
    la Messa—*the Mass*

    la Messa Piana—*the Low Mass*
    la Messa Cantata—*the High Mass*
    l'altare—*the altar*
    il prete *or* il sacerdote—*the priest*
    il sagrestano—*the sexton, the sacristan*

    il battesimo—*baptism*
    la cresima—*confirmation*
    la comunione—*communion*
    lo sposalizio—*the marriage*
    il parroco—*the parson*
    il vescovo—*the bishop*
    la predica—*the sermon*

13. il teatro—*the theater*
    il dramma—*the drama*
    la commedia—*the comedy*
    la tragedia—*the tragedy*
    la farsa—*the farce*
    il palcoscenico—*the stage*
    il sipario—*the curtain*

    le quinte—*the wings*
    la platea—*the orchestra (seats)*
    i palchi—*the boxes*
    la galleria—*the balcony*
    recitare—*to act (also to recite)*
    gli applausi—*the applause*

14. il teatro di varietà—*the vaudeville theater*
    la canzone—*the song*   l'orchestra—*the orchestra*

15. il teatro all'aperto—*the open air theater*

16. l'opera—*the opera house, the opera*

17. il cinematografo *or* il cinema—*the moving-picture house*
    la pellicola *or* il film—*the film*

18. l'ufficio postale—*the post office*
    la posta—*the mail*
    la cassetta (*or* la buca) delle lettere—*the mail box*

la lettera raccomandata—*the registered letter*
l'espresso—*the special delivery letter*
la cartolina postale—*the postal card*
il pacco—*the package*
la ricevuta—*the receipt*
il francobollo—*the stamp*
la busta—*the envelope*
l'indirizzo—*the address*
il vaglia (pl. i vaglia)—*the money order*
il telegramma—*the telegram*
il telegrafo—*the telegraph*
il telegrafo senza fili—*the wireless*
il telefono—*the telephone*
la posta aerea—the air mail

19. il caffè—*the cafe*

20. il ristorante—*the restaurant*

21. l'albergo—*the hotel, the inn*

22. il negozio—*the store*
    la vetrina—*the showcase*
    la merce—*the merchandise*
    la stoffa—*the material*
    il padrone—*the owner, the boss*

23. la biblioteca pubblica—*the public library*

24. l'ospedale—*the hospital*
    i soccorsi d'urgenza—*first aid*
    la clinica—*the clinic*
    la ricetta—*the prescription*

25. la stazione—*the station*
    il treno—*the train*
    il binario—*the tracks*
    il treno è in ritardo—*the train is late*
    il treno è in orario—*the train is on time*
    il treno è affollato—*the train is crowded*
    il treno-passeggeri—*the passenger train*
    il treno-merci—*the freight train*
    la locomotiva—*the locomotive*
    il vagone *or* la vettura—*the car (of the train)*

la vettura-letto—*the sleeping car*
la vettura ristorante—*the dining car*
il bagagliaio—*the baggage car*
la sala d'aspetto—*the waiting room*
il botteghino—*the ticket window*
il biglietto—*the ticket*
il controllore—*the conductor*
il portabagagli *or* il facchino—*the porter*

26. la ferrovia elevata—*the elevated*

27. la ferrovia sotterranea *or* metropolitana—*the subway*

28. il tranvai *or* il tram—*the trolley car*

29. l'autobus—*the bus*

30. altri mezzi di trasporto—*other means of transportation*
    la carrozza *or* la vettura—*the carriage·*
    il vetturino—*the coachman, the driver*
    l'automobile (f.)—*the automobile*
    la bicicletta—*the bicycle*
    la motocicletta—*the motorcycle*

31. la villa—*the park, the villa*

32. l'acquario—*the aquarium*

33. il giardino zoologico—*the zoological garden*

34. il giardino botanico—*the botanical garden*

35. l'aeroporto—*the airport*
    l'aeroplano—*the airplane;* il pilota—*the pilot*

36. il porto—*the port*
    il vapore *or* il piroscafo—*the ship*
    il capitano—*the captain*
    l'equipaggio—*the crew*
    il salvagente—*the life preserver*
    la barca a motore—*the motor boat*
    la barca a vela—*the sail boat*
    la barca a remi—*the row boat*
    il molo—*the pier*

37. la spiaggia—*the beach, the shore*
    la sabbia—*the sand*

il costume da bagno—*the bathing suit*
l'ombrellone da spiaggia—*the beach umbrella*
38. il cimitero—*the cemetery*

GLI SPORT — *SPORTS*

1. la lotta—*wrestling;* il lottatore—*the wrestler*
2. il pugilato—*boxing;* il pugilista—*the boxer*
3. la corsa—*the race;* il corridore—*the runner*
4. il nuoto—*swimming;* il nuotatore—*the swimmer;*
   la vasca *or* la piscina—*the swimming pool*
5. la ginnastica—*gymnastics;* l'atleta—*the athlete*
6. il pattinaggio—*skating;* i pattini—*the skates*
7. la pesca—*fishing;* il pescatore—*the fisherman*
8. la caccia—*hunting;* il cacciatore—*the hunter*
9. il ciclismo—*bicycling;* il ciclista—*the cyclist*
10. l'equitazione—*horse racing*
11. il canottaggio—*boating*
12. la scherma—*fencing;* tirare di scherma—*to fence*
13. il calcio—*football, soccer*
14. il tennis—*tennis*
15. lo sciare—*skiing;* lo sciatore— *the skier*

GLI ANIMALI — *ANIMALS*

1. il bue (pl. i buoi)—*the ox*
2. il toro—*the bull*
3. la vacca *or* la mucca—*the cow*
4. il vitello—*the calf*
5. la capra—*the goat*
6. il becco—*the male goat*
7. il capretto—*the kid*
8. la pecora—*the sheep*
9. il montone—*the ram*
10. l'agnello—*the lamb*
11. il porco *or* il maiale (fem. la scrofa)—*the pig*
12. il cavallo—*the horse*
13. il mulo—*the mule*
14. l'asino—*the donkey*
15. il cane (fem. la cagna)— *the dog*
16. il gatto—*the cat*
17. il gallo—*the rooster*
18. la gallina—*the chicken, the hen*

19. il pulcino—*the chick*
20. il tacchino—*the turkey*
21. il coniglio—*the rabbit*
22. la lepre—*the hare*
23. la volpe—*the fox*
24. il lupo—*the wolf*
25. il leone—*the lion*
26. il leopardo—*the leopard*
27. la tigre—*the tiger*
28. la pantera—*the panther*
29. la iéna—*the hyena*
30. l'orso—*the bear*
31. l'elefante—*the elephant*
32. il coccodrillo—*the crocodile*
33. il rinoceronte—*the ryno-ceros*
34. l'ippopotamo—*the hyppo-potamus*
35. la scimmia—*the monkey*
36. il serpente—*the snake*
37. l'anitra—*the duck*
38. l'oca—*the goose*
39. il cigno—*the swan*
40. il pavone—*the peacock*
41. l'uccello—*the bird*
42. il piccione *or* il colombo—*the pigeon*
43. l'usignuolo—*the nightingale*
44. il canarino—*the canary*
45. il cardellino—*the goldfinch*
46. la rondine—*the swallow*
47. il passero—*the sparrow*

48. il fagiano—*the pheasant*
49. il pappagallo—*the parrot*
50. l'aquila—*the eagle*
51. la civetta—*the owl*
52. l'avvoltoio—*the vulture*
53. il falco—*the hawk*
54. lo sparviero—*the sparrow-hawk*
55. la cicogna—*the stork*
56. la balena—*the whale*
67. la rana—*the frog*
58. la tartaruga—*the tortoise, the turtle*
59. gl'insetti—*the insects*
la mosca—*the fly*
la zanzara—*the mosquito*
l'ape—*the bee*
la vespa—*the wasp*
il ragno—*the spider*
lo scorpione—*the scorpion*
la farfalla—*the butterfly*
la formica—*the ant*
il baco da seta—*the silkworm*
il grillo—*the cricket*
il verme—*the worm*

la locusta—*the locust*
la pulce—*the flea*
la cimice—*the bedbug*
il pidocchio—*the louse*
60. lo scoiattolo—*the squirrel*
61. il topo—*the mouse*

LE VOCI DI ALCUNI ANIMALI — *SOME ANIMAL SOUNDS*

1. il cavallo nitrisce—*the horse neighs*
2. il gatto miagola—*the cat mews*
3. l'asino raglia—*the donkey brays*
4. il cane abbaia—*the dog barks*
5. il maiale grugnisce—*the pig grunts*

6. la pecora bela—*the sheep bleats*
7. il lupo ulula—*the wolf howls*
8. il leone ruggisce—*the lion roars*
9. il bue muggisce—*the ox bellows*
10. il gallo canta—*the rooster crows*
11. gli uccelli cinguettano—*the birds chirp*
12. il piccione tuba—*the pigeon coos*
13. la rana gracida—*the frog croaks*
14. il serpente sibila—*the serpent hisses*
15. gli insetti ronzano—*the insects buzz*

IL MONDO — *THE WORLD*

1. la terra—*the earth*
2. il mare—*the sea*
3. l'oceano—*the ocean*
4. il cielo—*the sky*
5. l'orizzonte—*the horizon*
6. il continente—*the continent*
7. l'equatore—*the equator*
8. il Polo Nord—*the North Pole*
9. il Polo Sud—*the South Pole*
10. est—*east*
11. ovest—*west*
12. i punti cardinali—*the cardinal points*
13. la costa—*the coast*
14. la spiaggia—*the shore, the beach*
15. la baia—*the bay*
16. il golfo—*the gulf*
17. il porto—*the port*
18. l'isola—*the island*
19. la penisola—*the peninsula*
20. il suolo—*the soil*
21. il lago—*the lake*
22. il fiume—*the river*
23. il monte *or* la montagna—*the mountain*
4. la collina *or* il colle—*the hill*
25. il vulcano—*the volcano*
26. la pianura—*the plain*
27. la valle—*the valley*
28. l'onda—*the wave*
29. il sole—*the sun*
il levar del sole—*sunrise*
il tramonto—*sunset*
l'alba—*dawn*
30. la luna—*the moon*
31. le stelle—*the stars*
32. il fuoco—*fire*
33. l'acqua—*water*
34. il gelo—*frost*
35. il ghiaccio—*ice*
36. la neve—*snow*
37. la nuvola—*the cloud*
38. la pioggia—*rain*
39. la tempesta *or* il temporale —*the storm*
40. la grandine—*hail*
41. il vento—*the wind*
42. il tuono—*thunder*
43. il lampo *or* il fulmine— *lightning*
44. l'arcobaleno—*the rainbow*
45. la pioggerella—*drizzle*
46. il fango—*mud*

IL TEMPO — *THE WEATHER*

1. fa bel tempo—*the weather is fine*
2. il sole brilla—*the sun is shining*
3. il cielo è azzurro—*the sky is blue*
4. il cielo è limpido—*the sky is clear*
5. il cielo è grigio—*the sky is gray*
6. il cielo è nuvoloso—*it's cloudy*
7. fa mal *or* cattivo tempo—*the weather is bad*

8. tira vento—*it's windy*
9. piove—*it's raining*
10. nevica—*it's snowing*
11. grandina—*it's hailing*
12. tuona—*it's thundering*
13. lampeggia—*it's lightning*
14. fa caldo—*it's warm*
15. fa fresco—*it's cool*
16. fa freddo—*it's cold*
17. (si) gela—*it's freezing*
18. si scivola—*it's slippery*
19. la neve si scioglie—*the snow is melting*
20. c'è umidità—*it's damp*
21. c'è fango—*it's muddy*
22. un acquazzone—*a shower*

ALCUNI TERMINI DI GUERRA — *SOME WAR TERMS*

1. il comando supremo—*the high command*
2. il bollettino di guerra—*the communique*
3. il generale—*the general*
4. il colonnello—*the colonel*
5. il maggiore—*the major*
6. il capitano—*the captain*
7. il tenente—*the first lieutenant*
8. il sottotenente—*the second lieutenant*
9. il sergente—*the sergeant*
10. il caporale—*the corporal*
11. il soldato—*the soldier*
12. l'esercito—*the army*
13. le truppe—*the troops*
14. la marina—*the navy*
15. l'ammiraglio—*the admiral*
16. la flotta—*the fleet*
17. l'aviazione—*the aviation*
18. l'aeroplano—*the airplane*

19. l'aeroplano da caccia—*the pursuit plane*
20. l'aeroplano da bombardamento—*the bomber*
21. l'aeroplano da tuffo—*the dive bomber*
22. la nave da guerra *or* la corazzata—*the battleship*
23. l'incrociatore—*the cruiser*
24. la torpediniera—*the destroyer*
25. il siluro *or* la torpedine— *the torpedo*
26. la spazzamine—*the mine sweeper*
27. il sottomarino—*the submarine*
28. la nave mercantile—*the merchant ship*
29. la petroliera—*the tanker*
30. la battaglia—*the battle*
31. il cannone—*the cannon*
32. la mitragliatrice—*the machine gun*
33. il fucile—*the gun, the rifle*
34. la palla *or* la pallottola—*the bullet*
35. la polvere—*the powder*
36. la baionetta—*the bayonet*
37. la conquista—*the conquest*
38. la guerra ad oltranza—*the war to a finish*
39. la pace—*the peace*
40. il dopoguerra—*the postwar period*
41. la vittoria—*the victory*
42. la sconfitta—*the defeat*
43. la difesa nazionale—*national defense*
44. i francobolli di guerra—*the war stamps*
45. i buoni di guerra—*war bonds*
46. un buon investimento—*a good investment*
47. la libertà di parola—*freedom of speech*
48. la libertà di stampa—*freedom of the press*
49. la libertà di religione—*freedom of religion*
50. la sicurezza nazionale—*national security*
51. la divisa *or* l'uniforme—*the uniform*
    i galloni—*the chevrons, stripes*
52. la bomba—*the bomb*
53. la mina—*the mine*
54. i carri armati—*armored cars*
55. le autoblindate—*tanks*

ALCUNI METALLI — *A FEW METALS*

1. l'oro—*gold*
2. l'argento—*silver*
3. il platino—*platinum*
4. il nichel or il nichelio—*nickel*
5. il ferro—*iron*
6. l'acciaio—*steel*
7. lo zinco—*zinc*
8. il rame—*copper*
9. il bronzo—*bronze*
10. l'alluminio—*aluminum*
11. il manganese — *manganese*
12. il piombo—*lead*
13. lo stagno—*tin*
14. il mercurio—*mercury*
15. l'antimonio—*antimony*
16. l'ottone—*brass*

ONE HUNDRED COMMON ADJECTIVES
CENTO AGGETTIVI COMUNI

1. buono—*good*
2. cattivo—*bad*
3. alto—*tall, high*
4. basso—*low, short*
5. amaro—*bitter*
6. dolce—*sweet*
7. bello—*beautiful*
8. brutto—*ugly*
9. comodo—*comfortable*
10. scomodo—*uncomfortable*
11. grande—*big*
12. piccolo—*small*
13. lungo—*long*
14. corto—*short*
15. caldo—*warm, hot*
16. freddo—*cold*
17. fresco—*cool*
18. tiepido—*tepid, lukewarm*
19. contento—*glad, satisfied*
20. scontento—*dissatisfied*
21. garbato—*well-mannered*
22. sgarbato—*ill-mannered*
23. cortese—*courteous*
24. scortese—*discourteous—*
25. gentile—*gentle, kind*
26. rude—*rude*
27. felice—*happy*
28. infelice—*unhappy*
29. facile—*easy*
30. difficile—*difficult*
31. pigro—*lazy*
32. industrioso—*industrious*
33. intelligente—*intelligent*
34. stupido—*stupid*
35. nuovo—*new*
36. vecchio—*old*
37. ricco—*rich*
38. povero—*poor*
39. cotto—*cooked*
40. crudo—*raw*
41. maturo—*ripe*
42. acerbo—*unripe*
43. simile—*similar*
44. differente—*different*
45. pulito—*clean*
46. sporco—*dirty*
47. allegro—*gay*
48. triste—*sad*
49. coraggioso—*courageous*
50. pauroso—*afraid*

51. timido—*timid*
52. temerario—*rash*
53. valoroso—*valiant*
54. roseo—*rosy*
55. pallido—*pale*
56. veloce—*fast*
57. lento—*slow*
58. umano—*human*
59. inumano—*inhuman*
60. sincero—*sincere*
61. furbo—*sly, cunning*
62. modesto—*modest*
63. immodesto—*immodest*
64. forte—*strong*
65. debole—*weak*
66. illustre—*illustrious*
67. oscuro—*obscure*
68. diligente—*diligent*—
69. ragionevole—reasonable
70. irragionevole—*unreasonable*
71. occupato—*busy*
72. sorpreso—*surprised*
73. amabile—*lovely*
74. tranquillo—*quiet*
75. pericoloso—*dangerous*
76. dotto—*learned*
77. invidioso—*envious*
78. vanitoso—*vain, conceited*
79. ammalato—*sick*
80. esperto—*expert, experienced*
81. ammirabile *or* ammirevole—*admirable*
82. fiero *or* orgoglioso—*proud*
83. adulatore—*flattering*
84. malinconico—*melancholy*
85. incorregibile—*incorrigible*
86. impudente—*impudent*
87. ostinato—*obstinate*
88. malizioso—*malicious*
89. trascurato—*careless*
90. elegante—*elegant, stylish*
91. puntuale—*punctual*
92. inesorabile—*inexorable*
93. imbecille—*silly*
94. inquieto—*uneasy*
95. saggio *or* savio—*wise*
96. stanco—*tired*
97. sordo—*deaf*
98. cieco—*blind*
99. favorevole—*favorable*
100. invincibile—*invincible*

L'AUTOMOBILE *or* LA MACCHINA — *THE AUTOMOBILE*

Part A

1. il motore—*the motor*
2. il còfano—*the hood*
3. lo sportello—*the door*
4. il sedile—*the seat*
5. i fari—*the headlights*
6. il paraurti—*the bumper*
7. i parafanghi—*the fenders*
8. il tagliavento—*the windshield*
9. il tergicristallo—*the windshield wiper*
10. il serbatoio—*the gas tank*

11. le molle *or* le balestre—*the springs*
12. i pneumatici *or* le gomme—*the tires*
13. la ruota di ricambio—*the spare tire*
14. la camera d'aria—*the tube*
15. il radiatore—*the radiator*
16. i cilindri—*the cylinders*
17. le candele—*the spark plugs*
18. il distributore—*the distributor*
19. l'accumulatore *or* la batteria—*the battery*
20. il carburatore—*the carburetor*
21. la marmitta di scarico—*the muffler*
22. lo scappamento—*the exhaust pipe*
23. il motorino d'avviamento—*the starter*
24. la frizione—*the clutch*
25. la dinamo—*the generator*
26. la trasmissione—*the transmission*
27. i freni—*the brakes*
28. il volante—*the steering wheel*
29. la tromba—*the horn*
30. il ventilatore—*the fan*

Part B

1. l'intelaiatura—*the chassis*
2. l'accensione—*the ignition*
3. le punterìe—*the points*
4. le valvole—*the valves*
5. lo stantuffo *or* il pistone—*the piston*
6. l'ammortizzatore—*the shock absorber*
7. il pedale acceleratore—*the accelerator*
8. il pedale dei freni—*the brake pedal*
9. la leva del freno a mano—*the hand brake*
10. la leva del cambio—*the shifting gear*
11. il tachimetro *or* il contachilometri—*the speedometer*
12. l'indicatore di benzina—*the gas gauge*
13. l'oleometro—*the oil gauge*
14. il filtro dell'olio—*the oil filter*
15. la pompa dell'olio—*the oil pump*
16. la pompa dell'acqua—*the water pump*
17. il termostato—*the thermostat*
18. le frecce di direzione—*the directional signals*

19. la scintilla—*the spark*
20. la targa (le targhe)—*the license plate*
21. il martinetto—*the jack*
22. la chiave—*the wrench*
23. i fari abbaglianti—*the bright headlights*
24. il liquido per freni—*the brake fluid*
25. la cinghia del ventilatore—*the fan belt*
26. l'anticongelante—*the antifreeze*
27. i cuscinetti a sfera—*ball bearings*

Part C

1. la velocità—*the speed*
2. la prima, la seconda, la terza velocità—*first, second, third speed*
3. la retromarcia—*the reverse*
4. correre—*to speed*
5. sorpassare—*to overtake*
6. rallentare—*to slow down*
7. sterzare—*to steer, to swerve, to swing*
8. l'autista—*the chauffeur, the driver*
9. guidare—*to drive*
10. la patente di guida—*the driver's license*
11. la benzina—*the gasoline*
12. fare un pieno di benzina—*to get a thankful of gas*
13. una gomma forata—*a flat tire, a blowout*
14. fare delle riparazioni—*to make repairs*
15. la miscela—*the mixture*
16. slittare—*to skid*
17. caricare l'accumulatore—*to charge the battery*
18. noleggiare una macchina—*to rent a car*
19. l'autorimessa—*the garage*
20. parcheggio *or* posteggio—*parking*

Idiomatic Expressions

1. fare finta di—*to pretend, to make believe*
   Egli fa finta di ascoltare il maestro.
   He pretends to be listening to the teacher.

2. fare a meno di (farne a meno)—*to do without*
   Io posso fare a meno del tuo aiuto.
   I can do without your help.

3. sentire dire—*to hear it said, to hear*
    Ho sentito dire che quella ragazza è ricca.
    I heard that that girl is rich.

4. dare ad intendere — *to lead someone to believe* or *understand*
    Tu vuoi darmi ad intendere che hai studiato la lezione.
    You want me to believe that you have studied the lesson.

5. avere voglia di —*to have a desire, to wish, to feel like*
    Si vede che quella ragazza non ha voglia di studiare.
    You can see that that girl has no desire to study.

6. da parte mia — *as for me, as far as I am concerned*
    Da parte mia puoi fare quello che vuoi.
    As far as I am concerned you can do as you please.

7. dire all'orecchio — *to whisper in someone's ear*
    Dimmi all'orecchio dove sei stato.
    Whisper in my ear where you have been.

8. a quattr'occhi —*privately, face to face*
    Vorrei parlarle a quattr'occhi, signorina.
    I should like to speak to you privately, Miss.

9. essere riprovato all'esame —*to fail an examination*
    Mio fratello è stato riprovato all'esame di biologia.
    My brother has failed his biology examination.

10. conoscere di vista — *to know by sight*
    Lo conosci bene? — No, lo conosco di vista soltanto.
    Do you know him well? — No, I know him only by sight.

11. mandare a chiamare — *to send for*
    Abbiamo mandato a chiamare il dottore perchè la mamma non
        sta bene.
    We have sent for the doctor because mother isn't feeling well.

12. contentarsi di —*to be satisfied with*
    Egli si contenta di dieci dollari al giorno.
    He is satisfied with ten dollars a day.

13. a braccia aperte —*with open arms*
    Essi mi accolsero a braccia aperte.
    They welcomed me with open arms.

14. andare a cercare — *to go and look for, to fetch, to seek*
    Sono andato a cercarlo, ma non l'ho trovato.
    I went to look for him, but I didn't find him.

15. far vedere — *to show*
Facciamogli vedere quelle fotografie!
Let's show him those pictures!

16. far fare —*to have someone do* or *make*
Mi avete fatto fare molto lavoro.
You have made me do a great deal of work.

17. farsi male — *to get hurt, to hurt oneself*
Cadde e si fece male al piede.
He fell and hurt his foot.

18. aver cura di — *to take care of*
Abbiate cura dei vostri libri, ragazzi.
Take care of your books, boys!

19. un biglietto d'andata e ritorno — *a round trip ticket*
Ho comprato un biglietto d'andata e ritorno per Miami.
I bought a round trip ticket for Miami.

20. fare tardi — *to be late*
Ho fatto tardi perchè avevo molto da fare.
I am late because I had a lot to do.

21. fare orecchi di mercante — *to turn a deaf ear*
L'ho pregato di dirmi la verità ma egli ha fatto orecchi di
mercante.
I begged him to tell me the truth, but he turned a deaf ear.

22. fare la coda — *to stand (wait) on line*
Non vado mai al Music Hall perchè non mi piace fare la coda.
*I don't go to the Music Hall because I don't like to stand on
line.*

23. valere la pena — *to be worthwhile*
Vale la pena di fare tutto questo lavoro?
Is it worthwhile to do all this work?

24. approfittare di — *to take advantage of*
Voi approfittate della mia pazienza.
You take advantage of my patience.

25. da anni — *for years*
Non lo vedo da molti anni.
I haven't seen him for many years.

26. di rado — *rarely, occasionally*
Ci incontriamo di rado alla spiaggia.
We meet occasionally at the beach.

27. stare per — *to be about to*
Essa stava per cadere, ma io la trattenni.
She was about to fall, but I held her back.

28. a poco a poco — *little by little*
A poco a poco imparerete tante belle cose.
Little by little you will learn many nice things.

29. peccato! peccato che! — *it's too bad! what a pity!*
Peccato che non siate venuti anche voi!
What a pity you didn't come also!

30. insieme a — *together with*
Egli è venuto insieme a sua sorella.
He came together with his sister.

31. fare aspettare — *to have (let, make) someone wait, to keep someone waiting*
Vi ho fatto aspettare troppo?
Did I make you wait too long?

32. ancora una volta — *once more, once again*
Ancora una volta non hai mantenuto la parola.
Once more you haven't kept your word.

33. a tentoni — *groping, feeling one's way*
Non c'era luce e camminavamo a tentoni.
There was no light, and we were feeling our way.

34. divertirsi — *to have a good time, to enjoy oneself*
Siamo andati in campagna e ci siamo divertiti moltissimo.
We went to the country and we had a very good time.

35. passarsela bene — *to live comfortably*
Quel signore se la passa bene.
That man lives comfortably.

36. in fondo a — *at the bottom of, in the rear of*
In fondo alla stanza c'è un armadio.
In the rear of the room there is a closet.

37. aver luogo — *to take place*
La riunione avrà luogo alle otto.
The meeting will take place at eight o'clock.

38. a rotta di collo — *at breakneck speed*
Egli guidava l'automobile a rotta di collo.
He was driving the car at breakneck speed.

39. in fretta e furia — *in a great hurry*
Quando suona la campana i ragazzi escono in fretta e furia.
When the bell rings the boys go out in a great hurry.

40. in punta di piedi — *on tiptoe*
Io entrai in punta di piedi per non farmi sentire dal babbo.
I came on tiptoe so that father wouldn't hear me.

41. oggi ad otto — *a week from today*
Egli pagherà oggi ad otto.
He will pay a week from today.

42. dare un'occhiata — *to cast a glance, to glance over, to look over*
Ho dato un'occhiata al compito e non sono soddisfatto.
I glanced over the homework and I am not satisfied.

43. tener d'occhio — *to keep an eye on, to supervise*
Tieni d'occhio i miei libri; ritornerò fra breve.
Keep an eye on my books; I'll return in a little while.

44. far venire — *to summon, to send for, to call*
Se non stai zitto farò venire tua madre.
If you don't keep quiet I shall send for your mother.

45. dar retta a — *to listen to, to take the advice of*
Non gli date retta perchè non sa quel che dice.
Don't listen to him because he doesn't know what he is saying.

46. andare a spasso — *to go for a stroll, for a walk*
Andiamo un po' a spasso; ci farà bene.
Le'ts go for a stroll; it will do us good.

47. voler dire — *to mean*
Che cosa vuol dire questo silenzio?
What does this silence mean?

48. di tanto in tanto — *once in a while, from time to time*
Egli viene a trovarmi di tanto in tanto.
He comes to see me once in a while.

49. far sapere — *to inform, to let know*
Fammi sapere come sta la mamma.
Let me know how mother is.

50. voler bene a — *to be fond of, to love*
Sono sicuro che Giuseppina mi vuol bene.
I am sure Josephine is fond of me.

51. venire alle mani — *to come to blows*
Ieri i due ragazzi vennero alle mani.
Yesterday the two boys came to blows.

52. attaccare lite — *to pick (start) a quarrel*
Egli è sempre pronto ad attacare lite con tutti.
He is always ready to pick a quarrel with everyone.

53. sprecare il fiato — *to waste one's breath*
Si vede che spreco il fiato quando gli dico di studiare.
You can see I waste my breath when I tell him to study.

54. da capo a piedi — *from head to foot*
Sono bagnato da capo a piedi.
I am wet from head to foot.

55. a capofitto — *headlong*
Il soldato si gettò a capofitto nella battaglia
The soldier threw himself headlong into the battle.

56. mettere da parte — *to put aside*
Abbiamo messo da parte tutto per venire qui.
We have put everything aside to come here.

57. stare a vedere — *to wait and see*
Staremo a vedere che cosa farà.
We shall wait and see what he is going to do.

58. fare un buco nell'acqua — *to accomplish nothing*
Gli ho parlato, ma ho fatto un buco nell'acqua.
I spoke to him, but I accomplished nothing.

59. dare nell'occhio — *to attract attention*
Il suo modo di vestire dà nell'occhio.
Her way of dressing attracts attention.

60. darsela a gambe — *to run away, to take to one's heels.*
Gli diede un pugno e se la diede a gambe.
He gave him a punch and took to his heels.

61. ingannare il tempo — *to kill time*
Giuochiamo a carte per ingannare il tempo.
We play cards to kill time.

62. buono a nulla — *good for nothing*
Egli non è buono a nulla.
He is good for nothing.

63. su due piedi — *right there and then, on the spot*
Su due piedi gli diedi il denaro.
Right there and then I gave him the money.

64. quanto a me (te, lui, etc.) — *as for me*
Quanto a me, verrò di certo.
As for me I will surely come.

65. stare in pensiero — *to be worried*
La mamma sta in pensiero perchè non ha ricevuto tue notizie.
Mother is worried because she has had no news from you.

66. fare una lavata di capo — *to give a scolding, a lecture*
Gli ha fatto una lavata di capo perchè non ha scritto spesso.
He gave him a scolding because he didn't write often.

67. darsi per vinto — *to give up, to admit defeat*
Questa lezione è difficile, ma non mi do per vinto.
This lesson is difficult, but I don't give up.

68. darsi pace — *to resign oneself, to find peace*
Non mi darò pace finchè non troverò un buon impiego.
I shall find no peace until I get a good job.

69. restare con un palmo di naso — *to be mortified, embarrassed.*
Quando mi disse che non mi conosceva restai con un palmo
di naso.
When she told me that she did not know me I was mortified.

70. sano e salvo — *safe and sound*
71. ad ogni modo — *at any rate, anyway*
72. tale e quale — *exactly like, exactly alike*
73. Ben mi (ti, gli, etc.) sta! — *serves me (you him, etc.) right!*
74. di bene in meglio — *better and better*
75. di male in peggio — *from bad to worse*
76. Che c'è? — *What is the matter?*
77. Non c'è niente — *Nothing is the matter*
78. piano piano — *very slowly*
79. meno male! — *it's a good thing! fortunately!*
80. detto, fatto — *no sooner said than done*
81. del tutto — *completely, altogether*
82. che vale? — *what's the use?*
83. guadagnarsi la vita — *to earn a living*
84. capire a volo — *to understand quickly*
85. oltre a — *besides, in addition to*

86. tener conto di — *to take into consideration*
87. conoscere a puntino—*to know in detail*
88. trovarsi a disagio — *to be at a loss*
89. chiedere il conto — *to ask for one's bill or check*
90. un uomo per bene — *a respectable man*
91. andar via *or* andarsene — *to go away*
92. al solito — *as usual*
93. in maniche di camicia — *in one's shirt sleeves*
94. non di meno — *nevertheless*
95. prima del tempo — *before time, ahead of time*
96. a stento — *with difficulty*
97. di buon umore — *in a good mood*
98. di buona voglia, di mala voglia — *willingly, reluctantly*
99. farlo apposta — *to do it on purpose, for spite*
100. fare un brindisi — *to drink a toast*
101. fare pietà — *to arouse pity*
102. mi dispiace *or* mi rincresce — *I am sorry*
103. chiedere scusa — *to apòlogize*
104. al piano di sopra (sotto) — *on the floor above (below)*
105. volta per volta — *time after time*
106. non (verb) che — *only*
    Egli non ha che due fratelli.
    He has only two brothers.
107. di buon mattino — *early in the morning*
108. essere in collera con —*to be angry at or with*
109. di seconda mano — *second hand, used*
110. non c'è nulla di male! — *no harm done!*
111. il più delle volte — *most of the times*
112. prendere in giro — *to tease, to make fun of*
113. in un batter d'occhio — *in a flash*
114. marinare la scuola — *to play hookey*
115. in fin dei conti — *after all, in conclusion*
116. su per giù — *just about*
117. avere un diavolo per capello — *to be raving mad, fit to be tied*
118. Dio me ne guardi — *God forbid!*
119. come se niente fosse — *as if nothing had happened*
120. Che faccia tosta! — *What nerve!*
121. Questo è un altro paio di maniche — *That's a horse of another color*

ITALIAN CIVILIZATION

Questions and Answers

I INTRODUCTION TO ITALY

1. Why is Italy called "Il Bel Paese"?
   Ans.—Because of its artistic treasures and because of its natural beauty.

2. Which are Italy's chief seaports?
   Ans.—Genova, Napoli, Trieste and Palermo.

3. What is "Un orario generale"?
   Ans.—A complete time table of Italian trains.

4. What is "Un deposito di bagagli"?
   Ans.—A check room at the railroad station.

5. What is "Un cestino da viaggio"?
   Ans.—A lunch basket usually sold at railroad stations, at a reasonable price.

6. What does "Un cestino da viaggio" contain?
   Ans.—Usually hot macaroni with tomato sauce, some meat, some cheese, some fruit, a roll and a small bottle of wine.

7. How many classes are there on Italian trains?
   Ans.—Two classes: first and second.

8. Who owns the Italian railroads?
   Ans.—They are state owned.

9. What is the fastest train between Milan and Rome?
   Ans.—The *Settebello,* a special first-class train.

10. What are long-distance buses called in Italy?
    Ans.—They are called autopullman or pullman for short

11. What are the Italian motor highways called?
    Ans.—Autostrade.

12. What is the speed limit on Italian "autostrade"?
    Ans.—There is no speed limit.

13. What facilities for air travel does Italy have?
    Ans.—Excellent facilities. Every large city has an airport.
14. Who controls Italian communications and the sale of tobacco?
    Ans.—The Italian government.
15. What is "una funicolare"?
    Ans.—A cable railroad used to climb mountains.
16. Can you climb Mt. Vesuvius by "funicolare"?
    Ans.—Not since 1945, when the "funicolare" was buried by the lava of the volcano. Now the climb to the top of Vesuvius is made by *"seggiovia"*, (chair lift). This is an unforgettable trip.

EXERCISES

I—*Choose one of the three expressions in parentheses which best completes the sentence:*

1. Italy is called "Il Bel Paese" because of (its shape, its natural beauty, its beautiful language).
2. Italy's airports are located mainly (along the coast, in the North, in all large cities).
3. "Orario Generale" is a (lunch basket, check room, time table).
4. The "Settebello" is a (playing card, a bus, a train).
5. The speed limit on Italian highways is (25 miles, 45 miles, none).
6. A "pullman" in Italy is (a sleeping car, a bus, a sweater).
7. A "Cestino da viaggio" contains (food, clothes, candies).
8. A cable railway is called (treno, tranvai, funicolare).

II—*Complete the following statements:*

1. There are ——— classes on Italian trains.
2. A complete time table in Italy is called ———
3. Four of Italy's chief seaports are: ———.
4. Mt. Vesuvius is usually climbed by means of ———.
5. A check room at the railroad station is called ———.

6. Italian highways are called ———.
7. Mail, railroads, telephones, telegraphs and tobacco in Italy are controlled by———.

II GEOGRAPHY

1. What countries bound Italy?
   Ans.—France, Switzerland, Austria and Yugoslavia.
2. What seas bound Italy?
   Ans.—The Adriatic Sea on the east.
   The Ligurian Sea on the west.
   The Tyrrhenian Sea on the west.
   The Ionian Sea on the south.
   (They all are part of the Mediterranean).

3. What is the area of Italy?
   Ans.—About 120,000 square miles.

4. What is the population of Italy?
   Ans.—About 50 millions.

5. What is the length of Italy?
   Ans.—About 760 miles.

6. What is the width of the peninsular section of Italy?
   Ans.—One hundred miles at its widest point.

7. What are Italy's chief mountain ranges?
   Ans.—*a*) The Alps, in the north, extending like a fan, from east to west.
   b) The Apennines, which form the backbone of Italy, extending from north to south.

9. What kind of climate does Italy have?
   Ans.—It ranges from very mild in the valleys and the islands to moderately cold in the mountainous regions.

10. Why is the climate of Italy generally mild?
    Ans.—Because the Alps protect Italy from the cold winds of the north, and Africa supplies the currents of warm air.

11. Which are Italy's important rivers?
    Ans.—Po, Tevere, Arno, Adige, and Piave.

12. Which are Italy's most important lakes?
    Ans.—Garda, Maggiore, Como, Lugano and Iseo.

13. Which are Italy's chief volcanoes?
    Ans.—Vesuvius, near Naples,
    Etna, near Catania, in Sicily,
    Stromboli, on one of the Lipari Islands.

14. Which is Italy's most fertile region?
    Ans.—The Po Valley (Valle Padana) in the north.

15. How has Italy overcome the difficulty of cultivating its mountainous soil?
    Ans.—Terraces or steps are cut into the mountains, thus preventing the rain from washing away the top soil.

16. What is the chief occupation of the Italian people?
    Ans.—Over 50% are engaged in agriculture.

17. What vital minerals does Italy lack?
    Ans.—Coal, iron and petroleum. These products must be imported in large quantities.

18. How has Italy overcome to a large extent her lack of coal?
    Ans.—She has utilized her numerous waterfalls to produce electricity, which is called "Il carbone bianco".

19. What are Italy's chief exports?
    Ans.—Silk, textiles, machinery, wine, oil, cheese, fruits.

20. Why is Italy's silk industry important?
    Ans.—Italy produces the best silk in the world. Next to Japan she produces the largest quantity of silk.

21. Where is the center of Italy's silk industry?
    Ans.—In Northern Italy: Lombardia, Piemonte, Veneto.

22. What section of Italy produces sulphur in large quantity?
    Ans.—Sicily.

23. What grains does Italy produce in large quantities?
    Ans.—Wheat, corn, rice, barley, oats.

24. Into how many regions is Italy divided?
    Ans.—Italy is divided into 19 regions (regioni), which in turn are subdivided into provinces (province). This is somewhat similar to our states, which are subdivided into counties.

25. What are the names of the Italian regions?

    Ans.—From North to South the regions are: Val d'Aosta, Piemonte, Lombardia, Veneto, Venezia Giulia, Venezia Tridentina, Liguria, Emilia, Toscana, Umbria, Le Marche, Lazio, Abruzzi e Molise, Campania, Puglie, Lucania (formerly Basilicata), Calabria, Sicilia and Sardegna.

EXERCISES

I—Choose one of the three expressions in parentheses which best completes the sentence:

1. The length of Italy is (260, 760, 1260) miles.
2. The population of Italy is (32, 50, 63) millions.
3. Winter in Italy is (very cold, very mild, quite warm).
4. The Apennines extend (from east to west, from north to south, are in Sicily).
5. Etna is (a mountain, a famous valley, a summer resort).
6. Vesuvius is near (Catania, Trieste, Naples).
7. Italy exports great quantities of (wheat, silk, cotton).
8. "Carbone Bianco" is electricity derived from (coal, water, gasoline).
9. The chief occupation of the Italians is (agriculture, mining, fishing).
10. Terraces are cut into mountains (to protect the top soil, to beautify the landscape, to make climbing easier).
11. The silk industry of Italy is located in (Northern Italy, Central Italy, Southern Italy).
12. The Po Valley is in (Sardinia, Sicily, Northern Italy).

II—Complete the following statements:

1. The countries that bound Italy are: —— —— ——.
2. The two seas on the west of Italy are: —— ——.
3. The sea on the east of Italy is called ——.
4. The sea on the south of Italy is called ——.
5. The area of Italy is —— square miles.
6. The mountains separating Italy from Austria are called ——.
7. Four important rivers of Italy are: —— —— —— ——.
8. Four important Italian lakes are: —— —— —— ——.
9. Sulphur is produced in great quantities in ——.

10. The three very important minerals that Italy lacks are: ——
11. The most fertile region in Italy is ——.
12. "Stromboli" is a ——.
13. All the seas around Italy are part of the ——.
14. At the widest point Italy is about —— miles wide.

III COUNTRY LIFE

1. Why does the northern peasant enjoy a better standard of living than the southern peasant?
   Ans.—Because the land in northern Italy is more fertile.

2. Generally speaking, how does the Italian farmer live?
   Ans.—He lives very frugally. He starts working at sunrise and stops at sunset. His meals are simple, but wholesome.

3. How do Italian peasants spend their winter months?
   Ans.—They engage in wood carving, basket making, filigree and mosaic works.

4. Are Italian women helpful on the farms?
   Ans.—Yes, indeed. They help in every possible way, often working as much as men.

5. Describe the living quarters of Italian peasants.
   Ans.—The houses are small and made of stone and mortar. Each home has two or three rooms. The furnishing are usually very primitive.

6. What are the "Trulli"?
   Ans.—The "Trulli" are conic shaped stone houses, found in the region of Le Puglie.

7. Do Italian peasants dress in their typical regional costumes?
   Ans.—No. They dress as we do. However they wear their beautiful costumes on certain festivals. Only in some remote regions peasants use their costumes for everyday wear.

8. Do Italian farmers use modern farm implements?
   Ans.—Yes, to a large extent. However, in small farms most of the work is done by primitive methods.

9. How do Italian peasants procure work?
   Ans.—They unite in bands and choose a leader. He procures work for them and arranges the terms of wages.

EXERCISES

I—Are the following statements true *or* false?

1. The Italian farmer lives a very simple life. 2. Italian farmers do not work during the winter. 3. The standards of living are better in Southern Italy than in Northern Italy. 4. Italian peasants usually procure work through a leader. 5. Italian farmers stop working at sunset. 6. Women are very helpful on the farms. 7. Italian peasants do not wear their regional costumes every day. 8. Modern farm implements are used in large farms. 9. "Trulli" is the name given to government subsidized farms. 10. The houses of Italian farmers have several rooms.

II—Write ten *short sentences in Italian on the topic:*

"*Il contadino italiano*".

IV ITALIAN CITIES

(Some facts you ought to know about some of the most important cities of Italy)

1. **Roma**
   a) Seat of the government.
   b) Called "The Eternal City" and "Caput Mundi" (Head of the world).
   c) Famous for Roman ruins: Colosseum, Circus Maximus, Forum, Catacombs, Appian Way, etc.
   d) Has over four hundred churches among which are: St. John Lateran, St. Paul Outside the Walls, Santa Maria Maggiore.
   e) Beautiful fountains, the most famous of which is La Fontana di Trevi; and beautiful parks, the most important of which is Villa Borghese.

2. **Città del Vaticano**
   a) Became an independent state, under the rule of the Pope, in 1929. Has an area of about one hundred acres.
   b) Contains priceless treasures of art in the Vatican.
   c) The Sistine Chapel, famous for Michelangelo's paintings, is there.
   d) To the Vatican belongs the basilica of St. Peter's, the greatest church of Christianity.

3. **Milano**

   a) Commercial and financial center of Italy. It is called "The New York of Italy".
   b) Manufacture of airplanes, motors and textiles.
   c) Has "Il Duomo", famous cathedral lacelike in structure, built of marble.
   d) Has the "Stazione Centrale"; a most beautiful and modern railway terminal.
   e) La Scala, most famous Opera House in the world.

4. **Torino**

   a) Manufacture of *Fiat* automobiles.
   b) Fashion center of Italy. Called "The Paris of Italy".

5. **Genova**

   a) Called "La Superba" and "The Queen of the Tyrrhenian".
   b) Birthplace of Columbus.
   c) Chief commercial port of the Mediterranean.
   d) Ship building center.
   e) In famous "Staglieno" cemetery we find Mazzini's tomb.

6. **Trieste**

   a) Important sea port on the Adriatic.
   b) Chief outlet for Central Europe.
   c) Shipbuilding center.

7. **Venezia**

   a) "Queen of the Adriatic".
   b) Famous for its canals, gondolas, and beautiful palaces.
   c) St. Mark's Cathedral.
   d) Ponte dei Sospiri, Ponte della Paglia, Ponte di Rialto.

8. **Firenze, city of flowers**

   a) Cradle of civilization and culture.
   b) The home city of innumerable great men in all fields of human endeavor: Dante, Boccaccio, Giotto, Botticelli, Machiavelli, Cellini, Vespucci, the Medici, etc.
   c) Art treasures in Palazzo Pitti and Uffizi Galleries.
   d) Campanile (Bell Tower) di Giotto.
   e) Ponte Vecchio.

9. **Napoli**
   a) Italy's second largest sea port.
   b) Metropolis and manufacturing center of Southern Italy.
   c) City of songs. Famous song festival of Piedigrotta.
   d) Boasts first subway in Italy: "La Metropolitana".
   e) When you go to Italy don't forget to visit Capri, Vesuvius and Pompei, which are in the vicinity of Naples.
   f) Shipbuilding.

10. **Palermo**
   a) Chief seaport and industrial city of Sicily.
   b) Harbor of first Phoenician traders.
   c) Was ruled by Normans, Germans, French and Spaniards.
   d) The famous church of Monreale is in the vicinity.
   e) Conca d'Oro.

11. **Livorno**
   a) Seat of the Italian Naval Academy. "The Annapolis of Italy."
   b) Manufactures and exports straw hats.

12. **Pisa**
   a) Birthplace of Galileo.
   b) Famous Leaning Tower, Baptistry and Cathedral.

13. **Padova**
   a) Famous frescoes of Giotto.
   b) Ancient university of law and medicine.
   c) Home of St. Anthony. (He was born in Lisbon)

14. **Bologna**
   First university of law. Oldest university in the world.

15. **Salerno**
   First school of Medicine ever established.

16. **Perugia**
   Famous university; special courses for foreigners.

17. **Carrara**
   Famous for its marble quarries.

18. **Bari**
    a) Seaport on the Adriatic.
    b) "Fiera del Levante": yearly Fair of Eastern European countries.
    c) Home of Santa Claus, "San Nicola".

19. **Siracusa**
    Remains of Greek civilization. Every three years a Greek play is presented in its Greek theatre.

20. **Pompei**
    Destroyed by eruption of Vesuvius about 2000 years ago. Now famous for its excavations which have brought to light the treasures of ancient Roman civilization.

21. **Ravenna**
    Has Dante's tomb, beautiful mosaics, and remains of Byzantine culture.

22. **San Gimignano**
    Has numerous towers and many medieval palaces.

23. **Siena**
    Birthplace of St. Catherine. Famous for "Il Palio"; a horse race held twice a year in medieval costumes.

24. **Assisi**
    a) Birthplace of St. Francis.
    b) The custom of the "Presepio" was founded there.
    c) Has many of Giotto's paintings.

25. **Orvieto**
    Famous for its Etruscan graves and its Polychrome Cathedral (built in several different colors). Famous also for its wines.

26. **Viterbo**
    Former stronghold of the Popes. A town rich in art treasures and medieval buildings.

EXERCISES

I—Which of the following statements are true? Which are false?

1. Il Palio is a horse race. 2. Fiera del Levante is held in Bari every three years. 3. Pompei was destroyed about 2000 years

ago. 4. La Metropolitana is a large city. 5. The Uffizi Gallery is an art Museum in Florence. 6. La Fontana di Trevi is in Rome. 7. Villa Borghese is a beautiful mansion in Rome. 8. Torino is called the New York of Italy. 9. Dante was born in Florence. 10. The famous island of Capri is near Naples.

II—*Match the following:*

A	A
1. Colosseum	1. Pisa
2. San Marco	2. Carrara
3. Campanile di Giotto	3. Palermo
4 Leaning Tower	4. Roma
5. School of Medicine	5. Napoli
6. Marble quarries	6. Venezia
7. Home of Santa Claus	7. Salerno
8. Annapolis of Italy	8. Bari
9. Seaport of Sicily	9. Firenze
10. City of Songs	10. Livorno

III—*Complete the following statements:*

1. Rome is called ———.
2. The Sistine Chapel is found in ———.
3. Vatican City is an ——— state.
4. Milano manufactures ——— ——— ———.
5. The Cathedral of St. Mark is in ———.
6. Two shipbuilding centers in Italy are ——— ———.
7. The city known as "the cradle of Italian civilization" is ———.
8. ——— is the industrial city of Sicily.
9. Assisi is the birthplace of ———.
10. Siena is the birthplace of ———.
11. The Pitti Palace is found in ———.
12. The beautiful Stazione Centrale is found in ———.
13. Rome has more than ——— churches.
14. The famous Ponte Vecchio is in the city of ———.
15. Colombo was born in the city of ———.
16. Very important excavations have been made in ———.
17. The oldest university in the world is in ———.
18. The famous Staglieno cemetery is in ———.

19. Torino is famous for the manufacture of ———.
20. "Il Duomo" is a famous ——— in the city of ———.

IV—*Match the following*:

A	B
1. Dante's tomb	1. Pisa
2. Famous wines	2. Palermo
3. Phoenician traders	3. Viterbo
4. Vesuvius	4. Milano
5. Galileo	5. Ravenna
6. University of law	6. Padova
7. Greek theatre	7. Livorno
8. La Scala	8. Naples
9. Straw hats	9. Siracusa
10. Stronghold of Popes	10. Orvieto

V   ITALIAN LIFE

1. Are Italians fond of outdoor life?
   Ans.—Yes, indeed. Whole groups sit outside to weave, spin, knit, chat, etc.
2. What other things do Italians like?
   Ans.—Promenades, music, songs, poetry, cafes, games, sports, festivals, the theatre.
3. What is the position of the father in the Italian family?
   Ans.—He is the real head of the family. Family ties are very strong in Italy.
4. What are the three Italian meals?
   Ans.—a) Prima colazione (breakfast).
        b) Colazione (lunch).
        c) Pranzo or cena (dinner or supper).
5. What are some famous Italian cheeses?
   Ans.—Parmigiano, Gorgonzola, Bel Paese, Caciocavallo, Provolone.
6. What are some famous Italian wines?
   Ans. Chianti, Marsala, Frascati, Est Est Est, Moscato, Barbera.
7. What are some typical Italian dishes?
   Ans.—Risotto alla milanese, osso buco, pizza, ravioli, lasagne, spaghetti, pasta asciutta, gnocchi, polenta.

8. What does one usually get in an Italian cafe?

   Ans.—Gelato, granita, caffè espresso, spumone, cassata, and all kinds of soft, cool drinks (*bibite fresche*).

9. What are some typical Italian games?

   Ans.—Morra, bocce, lotto (lottery), tombola, cards: scopa, tressette, briscola.

10. What is the C.G.I.L.?

    Ans.—The C.G.I.L. (Confederazione Generale Italiana del Lavoro) is an organization similar to our C.I.O. or A.F.L. Its main function is to protect the interests of the working classes.

11. What sports do Italians prefer?

    Ans.—Soccer, fencing, racing, boating, gymnastics, and winter sports(the latter in Northern Italy).

12. What are some famous Italian festivals?

    Ans.—1) Scoppio del Carro — *Firenze.*
    2) Festa del Grillo — *Firenze.*
    3) Festa del Redentore — *Venezia.*
    4) Festa di San Marco — *Venezia.*
    5) Piedigrotta — *Napoli.*
    6) San Gennaro — *Napoli.*
    7) Santa Rosalia — *Palermo.*
    8) San Pietro — *Roma*
    9) San Nicola — *Bari.*
    10) Festa dei Ceri — *Gubbio.*
    11) Palio — *Siena.*
    12) Sagra di Pentecoste — *Postumia.*

13. What are some national traits of the Italian people?

    Ans.—Italian are:

1. religious	4. witty
2. frugal	5. artistic
3. hard workers	6. fond of tradition

14. What is "Il Carnevale"?

    Ans.—A period of merry-making, dances and masquerades between Epiphany (January 6) and Ash Wednesday, enjoyed throughout Italy.

I—*Match the following*:

A
1. Santa Rosalia
2. Tressette
3. San Nicola
4. Bel Paese
5. C.G.I.L.
6. Father
7. Epiphany
8. Wine
9. Siena
10. San Pietro
11. Bibite fresche
12. Morra
13. Piedigrotta
14. Carnevale
15. Spumone

B
1. Labor
2. Napoli
3. Est Est Est
4. Palermo
5. cards
6. Santa Claus
7. game
8. Vatican City
9. masquerades
10. January 6th
11. head of family
12. soft drinks
13. refreshment
14. cheese
15. Palio

II—*Complete the following statements*:

1. The three Italian meals are: ——— ——— ———.
2. Five national traits of the Italian people are:
——— ——— ——— ——— ———.
3. Six typical Italian dishes are:
——— ——— ——— ——— ——— ———.
4. Four typical Italian games are:
——— ——— ——— ———.
5. Four famous Italian wines are:
——— ——— ——— ———.
6. In an Italian cafe one may get:
——— ——— ———.
7. Four famous Italian cheeses are:
——— ——— ——— ———.
8. Four sports preferred by the Italians are:
——— ——— ——— ———.
9. Two famous festivals in Venice are ——— ———.
10. Two famous festivals in Florence are ——— ———.

VI   EDUCATION IN ITALY

1. How long is the summer vacation for Italian students?
   Ans.—From about June 15 to about Oct. 10.

2. Is it true that a Crucifix is displayed in every Italian class-room?
   Ans.—Yes, there is a Crucifix on the front wall of every Italian classroom.

3. What notations appear on an elementary school report card?
   Ans.—"Lodevole", "sufficiente", "insufficiente".
   ("excellent", "satisfactory", "unsatisfactory".)

4. Do Italian children go to school on Saturday?
   Ans.—Yes, however they receive about 25 hours of instruction per week.

5. What is "Asilo Infantile"?
   Ans.—Kindergarten for children from 3 to 6.

6. Up to what age is elementary school compulsory in Italy?
   Ans.—All children must attend school from the age of 6 to 14.

7. Do Italian children get home work?
   Ans.—Yes; their lot is no better than yours.

8. Besides the 3 R's what other subjects are Italian children taught in elementary schools?
   Ans.—They are taught religion, gardening, and are also given manual, domestic and civic training.

9. What schools are open to students who complete the elementary course?
   Ans.—They must attend "scuole medie" (equivalent to our Junior High Schools) for three years. Then they may attend academic high schools (*Ginnasio*), technical or vocational high schools.

10. Is secondary education free in Italy?
    Ans.—No, they have to pay tuition fee. However, bright students who attain high marks are exempted.

EXERCISES

I—*Which of the following statements are true? Which are false?*

1. A Crucifix is always on the front wall of an Italian class-room. 2. Elementary school education in Italy is free. 3. Only the

three R's are taught in Italian schools. 4. Italian children attend elementary school until the age of 14. 5. Asilo Infantile is the equivalent of our Kindergarten. 6. Children between 3 and 6 attend Asilo Infantile. 7. Italian children don't go to school on Saturdays. 8. No one is exempted from paying tuition fee in Italian high schools. 9. The notation "sufficiente" means that a child is passing with high marks. 10. In the matter of homework Italian children are no better off than we.

II—*Complete the following statements*:

1. Kindergarten in Italy is called ——— ———.
2. In Italy children attend elementary school from the age of ——— to ———.
3. In order to avoid paying a tuition fee high school students must ———.
4. On the front wall of an Italian classroom one always sees a ——— .
5. The three notations children get on their report cards are: ——— ——— ———.
6. Italian "Ginnasio" is equivalent to our ———.
7. Besides reading, writing and arithmetic elementary school children are taught ——— ——— ——— ———.

VII FORMATION OF ITALY

1. Who was *Machiavelli*?
   Ans.—A famous political writer and historian of the 15th-16th century. He envisaged a united Italy.

2. What is *"Il Principe"*?
   Ans.—A famous book by Machiavelli, in which he explains his political philosophy.

3. Who was *"Balilla"*?
   Ans.—A young Genoese boy who in 1746 provoked a riot against the Austrians. This resulted in the expulsion of the Austrians from Genoa.

4. What is *"Il Risorgimento"*?
   Ans.—The period of Italian Unification, from 1815 to 1870. It comprises the Three Wars of Independence; 1848, 1859 and 1866.

5. Who were *"I Carbonari"*?

   Ans.—The members of a secret patriotic society formed at the beginning of the 19th century for the purpose of liberating Italy from the yoke of the despots of the Holy Alliance.

6. Who was *Cavour?*

   Ans.—A great diplomat who contributed much to the unification of Italy. He was responsible for agricultural and education reforms in Italy.

7. Who was *Mazzini?*

   Ans.—An eloquent philosopher and writer who also contributed greatly to the unification of Italy.

8. What was *"La Giovine Italia"*?

   Ans.—A secret society organized by Mazzini for the liberation of Italy from foreign tyranny.

9. Who was *Garibaldi?*

   Ans.—The greatest general and hero of the *Risorgimento.*

10. Who were *"I Mille"*?

    Ans.—A daring army organized by Garibaldi for the liberation of Sicily. They were originally 1000 and were called *"Le Camicie Rosse".*

11. Who was *Vittorio Emanuele II?*

    Ans.—The first king of United Italy.

12. Who was *Silvio Pellico?*

    Ans.—A great Italian patriot of the *Risorgimento.* His heart-rending book *"Le Mie Prigioni"* describes his sufferings as a prisoner at Spielberg.

13. Who was *Guglielmo Oberdan?*

    Ans.—A martyr of the *Risorgimento.* He was executed in 1882 as a result of his resentment of the foreign domination of his native town, Trieste.

14. Who was *Nazario Sauro?*

    Ans.—A patriot of Trieste who, during the first world war, joined the Italian navy. He became captain after scoring several victories over the Austrians. However, he was captured and executed in 1916.

15. Who was *Gabriele d'Annunzio?*

    Ans.—The great poet-soldier of Italy. After the first world war he organized a legion in defiance of the government, and occupied Fiume. As a result Fiume was annexed to Italy. D'Annunzio died in 1938.

16. What is *"Il Natale di Roma"*?
   Ans.—A national holiday celebrating the founding of Rome (April 21, 753 B.C.).

17. What is *"La Festa del Lavoro"*?
   Ans.—Italian Labor Day, also celebrated on April 21st.

18. What is *"La Festa dello Statuto"*?
   Ans.—Italian Constitution Day (first Sunday in June, commemorating the granting of a constitution by King Carlo Alberto to the people of Piedmont in 1848.

EXERCISES

I—*Match the following:*

A	B
1. April 21st	1. Camicie Rosse
2. Mazzini	2. Unification of Italy
3. Secret Society	3. Occupation of Fiume
4. Garibaldi	4. Italian Labor Day
5. Silvio Pellico	5. Great diplomat
6. Gabriele d'Annunzio	6. "Il Principe"
7. Risorgimento	7. "I Carbonari"
9. Balilla	8. "Le Mie Prigioni"
9. Cavour	9. La Giovine Italia
10. Machiavelli	10. provoked a riot

II—*Complete the following statementss*

1. The first king of Italy was ———.
2. Rome was founded in ———.
3. Carlo Alberto was king of ———.
4. Carlo Alberto granted his people a ———.
5. Fiume was annexed to Italy due to ———.
6. The period of the "Risorgimento' extends from —— to ——.
7. One of the first men to envisage a united Italy was ———.
8. Two holidays celebrated on April 21st are ——— ———.
9. The three great men of the "Risorgimento" are:
   ——— ——— ———.
10. "I Mille" refers to ———.

VIII   THE ITALIAN LANGUAGE

1. From what language did Italian derive?
   Ans.—From Latin.

2. What are Romance Languages?
   Ans.—The languages derived from Latin: Italian, French, Spanish, Portuguese and Roumanian.

3. In what century was the Italian language first used by writers?
   Ans.—In the 13th century.

4. Who were the three great men who used the Tuscan dialect as the literary language of Italy?
   Ans.—Dante, Petrarca and Boccaccio.

5. Did Italian have any influence on the English language?
   Ans.—Yes, definitely so. This influence began with Chaucer, "the father of English poetry" in the 14th century.

6. What similarity is there between English and Italian words?
   Ans.—There is a great deal of similarity because a great many English words are also derived from Latin: Examples:

Latin	*Italian*	*English*
bestia	bestia	beast
activus	attivo	active
campus	campo	camp, campus
destinatio	destinazione	destination
colonia	colonia	colony

7. Are any Italian words used in the English language?
   Ans.—Yes, there are many, especially in the field of music and art. Examples:
   allegro, andante, adagio, tempo, soprano, alto, contralto, prima donna, solo, piazza, casino, salvo, sottovoce, chiaroscuro, maestro, bambino, studio, motto, villa, etc.

EXERCISES

I—*Complete the following statements*:

1. The three great men who established the Italian language were ——— ——— ———.

2. Many English words are similar to Italian words because —————.

3. A romance language is one that owes its origin to —————.

4. Five important romance languages are: ————— —————
————— ————— —————.

5. The Italian language became established in the ————— century.

6. Italian influence on the English language began with the great English writer —————.

II—*From your English or History assignment select at least 25 words which are similar to Italian words both in spelling and meaning.*

III—*List 10 Italian words used in English. Do not use the words listed on this page.*

IX CONTRIBUTIONS OF ITALIANS TO AMERICAN CIVILIZATION

1. *Cristoforo Colombo.*
Discovered America in 1492.

2. *Amerigo Vespucci.*
Visited the New World four times. Was the first to reach and describe the mainland. America was named after him.

3. *Giovanni and Sebastiano Caboto.*
In the service of England they discovered Canada and Newfoundland in 1497.

4. *Giovanni da Verrazzano.*
A Florentine in the service of France, he was the first to sail up the Hudson, 85 years before Henry Hudson. He discovered New York Harbor and explored the entire North American Continent from Florida to the St. Lawrence.

5. *Filippo Mazzei.*
Revolutionary patriot; friend of Washington, Jefferson, Franklin, Monroe and Madison. Came to Virginia from Tuscany in 1773. Carried on important agricultural experiments in Vir-

ginia. Wrote the first history of the United States to be published in Italy, and translated the Declaration of Independence into Italian.

6. *Francis Vigo.*

Vigo was the savior of the Northwest Territory. He contributed an immense fortune in order to make possible the success of the Lewis and Clarke Expedition after the Revolutionary War. He succeeded in bringing the hostile Indian tribes, at first friendly to the British, to the aid of the American colonists. Vigo County in Indiana was named in his honor.

7. *Enrico Tonti.*

Tonti built the first ship to navigate the Great Lakes in 1679. With La Salle he took possession of Louisiana for France. Became ruler of the entire Mississippi Valley. Tonti is known as the "Father of Arkansas".

8. *William Paca.*

Son of a colonist, was one of the signers of the Declaration of Independence. Later became Chief Justice and Governor of Maryland.

9. *Luigi Palma di Cesnola.*

Was a general in the Union Army. Distinguished himself in the Civil War and was awarded the Congressional Medal of Honor. From 1879 to 1904 he was director of the Metropolitan Museum of Art. It was chiefly through his efforts that the Museum became the world famous institution it now is.

10. *Paolo Busti.*

Made the plans for the city of Buffalo.

11. *The Giannini Family.*

Founders of the Bank of America, one of the largest banks in the United States. There are over 300 branches.

12. *Antonio Meucci.*

Invented the telephone. Bell acquired the patent from him and perfected it.

13. *Father Cataldo.*

A Jesuit missionary born in Sicily. Came to America in 1862. Founded churches, convents, academies and other Catholic institutions.

14. *Lorenzo Da Ponte.*

Established New York Italian Opera House in 1833.

15. *Fiorello H. La Guardia.*

Born in America from Italian parents, he was perhaps the leading Italo-American political figure in American history. Was elected to Congress in 1917. He introduced very important labor legislation. From 1933 to 1945 he was mayor of New York City. He was instrumental in wiping out much of the graft and corruption in city politics. La Guardia Airport is named in his honor.

EXERCISES

Complete the following statements:

1. *a)* The savior of the Northwest was ———.
   b) He made the ——— Expedition possible.

2. *a)* Canada was discovered by the ——— brothers.
   b) They were Italians in the service of ———.

3. *a)* The first man to sail the Hudson was ———.
   b) He was an Italian in the service of ———.

4. *a)* America was named after ———.
   b) He was the first to reach the ———.
   c) He visited the New World ——— times.

5. *a)* An Italian friend of Washington and Jefferson was ———.
   b) He carried on agricultural experiments in ———.

6. Paolo Busti made plans for the city of ———.

7. The telephone was invented by an Italian named ———.

8. A famous Italian family of bankers in California is ———.

X CATHEDRALS AND CHURCHES

1. What are the characteristics of Romanesque architecture?
   Ans.—It has round arches, thick walls, and little window space.

2. What are two outstanding examples of Romanesque architecture?
   Ans.—The church of St. Ambrogio in Milan.
   The church of San Miniato in Florence.

3. What are the characteristics of Gothic architecture?
   Ans.—Pointed arches, thinner walls, more window space and stained glass windows.

4. What is an outstanding example of Gothic architecture?
   Ans.—The *Duomo* of Milan.

5. What is the outstanding characteristic of Renaissance architecture?
   Ans.—The dome dominates the church. At the time of building the dome, it was intended to dominate the city.

6. What are some outstanding examples of Renaissance architecture?
   Ans.—The Church of St. Peter in Vatican City.
   The Cathedral of Florence: Santa Maria del Fiore.
   Our own Capitol in Washington.

7. What are the characteristics of Byzantine architecture?
   Ans.—It has several domes. Its construction is one of gaiety and informality.

8. Which is the outstanding example of Byzantine architecture?
   Ans.—St. Marks' Cathedral in Venice.

EXERCISES

Complete the following statements:

1. Pointed arches are characteristic of ————— architecture.
2. A large dome is a characteristic of ————— architecture.
3. Round arches are characteristic of ————— architecture.
4. Several domes are characteristic of ————— architecture.

5. Thick walls are characteristic of ————— architecture.
6. Gaiety and informality is found in ————— architecture.
7. An example of Gothic architecture is —————.
8. An example of Byzantine architecture is —————.
9. An example of Romanesque architecture is —————.
10. An example of Renaissance architecture is —————.

XI A—TUSCANY

1. What region of Italy has contributed most to Italian civilization?
   Ans.—Tuscany, in Central Italy.

2. How large is Tuscany?
   Ans.—Tuscany is slightly larger than Massachusetts.

3. Into how many provinces is Tuscany divided?
   Ans.—Tuscany is divided into nine provinces: Firenze, Arezzo, Grosseto, Livorno, Lucca, Massa e Carrara, Pisa, Pistoia and Siena.

4. How was Tuscany governed after the 12th century?
   Ans.—The principal cities began to govern themselves.

5. Which were the most important of these self-governed communes?
   Ans.—Firenze, Pisa, Siena and Lucca.

6. Did these communes fight each other?
   Ans.—They did. Florence finally conquered them all.

7. Which was the most famous family of Florence?
   Ans.—The Medici. They governed Florence for over two centuries.

8. What must be said in favor of the Medici?
   Ans.—They governed with great splendor, and gave a tremendous impetus to commerce, industry, arts and letters.

9. By whom was Florence ruled after the fall of the Medici?
   Ans.—First by France and then by Austria.

10. When was Tuscany annexed to the Kingdom of Italy?
    Ans.—In 1861.

11. Who are some of the great men Tuscany has given to the world?
    Ans.—Giotto, Michelangelo, Botticelli, Dante, Boccaccio, Machiavelli, Cellini, Vespucci, Galileo, etc.

12. What is Tuscany's greatest contribution to Italy?
    Ans.—The Italian language.

B—FLORENCE: THE CRADLE OF ARTS

1. What is the *Medici Chapel?*
   Ans.—A famous museum in Florence. It contains many priceless sculptures and paintings, among them the Medici Tombs. It also contains the famous Coat of Arms of the Medici (three golden balls.)

2. Who were the *Medici?*
   Ans.—A famous family that ruled Florence in the 15th and 16th centuries and were patrons of the fine arts.

3. What is *Piazza della Signoria?*
   Ans.—A famous square in Florence. In it are found the fortress-like *Palazzo Vecchio*, the *Fountain of Neptune,* the *Loggia dei Lanzi*, and Cellini's famous statue of *Perseus.* This is the only outdoor museum in the world.

4. What is the *Pitti Palace?*
   Ans.—A palace in Florence, built by the famous architect Brunelleschi for the Pitti family in the 16th century. The Medici acquired it, and in it they collected many works of art.

5. What is the *Uffizi Gallery?* (Florence)
   Ans.—One of the most famous art galleries in the world.

EXERCISES

Complete the following statements:

1. Tuscany is divided into ———— provinces.
2. The most important of these provinces is ————.
4. The area of Tuscany is ————.
5. The most famous Tuscan family is ————.

6. The Pitti Palace is ———.
7. Tuscany is situated in ———.
8. The four most important self-governed communes of Tuscany in the Middle Ages were ——— ——— ——— ———.
9. Piazza della Signoria is ———.
10. Tuscany became part of Italy in ———.
11. After the fall of the Medici Tuscany was under the rules of ——— and ———.
12. The Uffizi Gallery is ———.

XII SOME GREAT MEN OF ITALY

A—MUSIC

1. *Pope Gregory.*
   Lived in the 6th century. To him we owe the Gregorian Chant used for church services.

2. *Guido D'Arezzo.*
   A Benedictine monk of the 11th century. He invented and named the first six notes of the musical scale. He also applied the staff to notes.

3. *Giovanni da Palestrina.* (1524-1594)
   Composed and reformed Church music. Was called "The Prince of Music."

4. *Claudio Monteverdi.* (1568-1643)
   He created and introduced opera in Italy. His principal opera was *"Orfeo"*

5. *Antonio Vivaldi.* (1675-1743)
   Violinist and composer of violin music.

6. *Gioacchino Rossini.* (1792-1868)
   Master of harmony and melody. He composed the famous operas, *Barber of Seville* and *William Tell.*

7. *Giuseppe Verdi.* (1813-1901)
   Prolific composer of operas. Among his best operas are: *Aida,*

Rigoletto, Falstaff, Otello, Il Trovatore, and *La Traviata.* Verdi's music is full of passion and is profoundly dramatic.

8. *Gaetano Donizetti.* (1797-1848)
   The music of his operas is highly dramatic and melodious. He composed *Lucia di Lammermoor, Don Pasquale* and *Elisir d'amore.*

9. *Vincenzo Bellini.* (1801-1835)
   Purity of melody and dramatic feeling dominate his operas. He composed *Norma, La Sonnambula* and *I Puritani.*

10. *Giacomo Puccini.* (1858-1924)
    One of the best modern composers of operas. He composed *La Bohème, Tosca, Madame Butterfly* and *Fanciulla del West.*

11. *Pietro Mascagni.* (1863-1945)
    Mascagni gave us the beautiful dramatic opera *Cavalleria Rusticana.*

12. *Ruggiero Leoncavallo.* (1858-1919)
    He gave us the well known opera *Pagliacci.*

13. *Arrigo Boito.* (1842-1928)
    Poeta and composer. He gave us the great operas *Mefistofele* and *Nerone.* He also wrote the librettos for Verdi's *Otello* and *Falstaff.*

14. *Amilcare Ponchielli.* (1834-1886)
    Composed several operas which made him famous. The best known of his operas is *La Gioconda,* in which the well known "*Dance of the Hours*" occurs.

15. *Niccolò Paganini.* (1784-1840)
    Celebrated violinist and composer of violin music. He was unsurpassed master of execution.

16. *Antonio Stradivari.* (1644-1737)
    The most famous violin maker in the world. His violins still in existence are priceless.

17. *Francesco Tamagno.* (1851-1905)
    The greatest tenor of his day, considered by many the greatest

of all time. He was the best interpreter of Verdi's operas. As a matter of fact Verdi composed his *Otello* with Tamagno's vocal resources in mind.

18. *Enrico Caruso.* (1873-1921)

One of the greatest tenors of the 20th century. His golden voice made him the idol of opera-goers throughout the world.

19. *Arturo Toscanini.* (1867-1957)

One of the greatest musicians of our time. Gained world wide reputation as conductor of operatic and symphonic music at the Metropolitan Opera House and as conductor of the NBC Symphony Orchestra, which was organized for him.

20. *Gian-Carlo Menotti.*

One of the outstanding composers of opera today. Many of his works have been presented on Broadway, radio and television. Some of his operas are: *Amahl and the Night Visitors, Amelia Goes to the Ball, The Medium* and *The Telephone.*

B—ART

(Painting, Sculpture, Architecture)

1. *Cimabue.* (1240-1302)

Painter, sculptor and architect. He is considered the first of the modern painters. He was Giotto's teacher. One of his masterpieces is *La Vergine in Bosco.*

2. *Giotto di Bondone.* (1274-1337)

Son of a shepherd; had great talent for art. Studied under Cimabue, and soon surpassed the master. He also was a painter, an architect and a sculptor. In Florence still stands the famous *Campanile di Giotto.*

3. *Masaccio.* (1401-1428)

Great painter; master of perspective. His masterpiece is *Adam and Eve.*

4. *Brunelleschi.* (1377-1446)

The greatest architect of the early Renaissance. Constructed the Pitti Palace and the Cupola of the Cathedral in Florence.

5. *Fra Angelico da Fiesole.* (1387-1455)
   A Dominican monk. Great painter and miniaturist. He was a master at painting frescoes.

6. *Donatello.* (1386-1466)
   Great Florentine sculptor. Studied ancient art. In his works he retained the order and simplicity of the ancient, but introduced realism in sculpture.

7. *Fra' Lippo Lippi.* (1421-1469)
   A great painter. Correctness and grace are outstanding in his paintings. He painted mostly madonnas and landscapes.

8. *Luca della Robbia.* (1400-1481)
   He invented enameled terra cotta. He was also a great sculptor. His masterpiece is *The Resurrection of Christ.*

9. *Ghirlandaio.* (1451-1495)
   One of the most remarkable of the early painters.

10. *Botticelli.* (Alessandro Filipepi, 1444-1510)
    He illustrated the first edition of Dante's *Divine Comedy.* He was a great painter of frescoes. He deviated from religious subjects and chose pagan themes. Two of his most famous paintings are *The Birth of Venus* and *Spring.*

11. *Perugino* (Pietro Vannucci, 1446-1523)
    He was Raffaello's teacher. A great painter. Above all he painted religious subjects. His paintings are characterized by grace and harmony. Two of his most famous works are: *Madonna* and *Pietà.*

12. *Raffaello Sanzio.* (1483-1520)
    Celebrated painter, sculptor and architect. Together with Da Vinci and Michelangelo he is the personification of the artistic genius of the Renaissance. He painted several pictures of Pope Julius II and Pope Leo X. He is also noted for his many beautiful Madonnas. His paintings have delicacy of color, perfection of design, harmony, grace and expression. Among his most famous paintings are *The Transfiguration* and *The Madonna of the Chair.* He died very young.

13. *Leonardo Da Vinci.* (1452-1519)

One of the greatest geniuses the world has ever had. Da Vinci was a painter, an architect, a sculptor, a designer, an engineer, a physicist, a geologist, a musician, a poet, a writer, etc. Two of his greatest paintings are *The Last Supper* (in Milan) and *Mona Lisa* (in Paris).

14. *Michelangelo Buonarroti.* (1474-1564)

Extraordinary genius in the field of architecture, painting and sculpture. He decorated the ceilings of the Sistine Chapel in the Vatican; constructed the Cupola of St. Peter in Rome; did the sculptures on the tombs of the Medici in Florence; gave us the marvelous statues of *Moses, David* and *Pietà.* Of his frescoes the most famous is the *Giudizio Universale.*

15. *Tiziano Vecellio.* (1477-1576)

A master of color; inimitable painter of landscapes and portraits. Three of his best paintings are: *Lavinia* (his daughter), the *Assumption* and *Sacred and Profane Love.*

16. *Andrea del Sarto.* (1488-1530)

Another great painter. His paintings have perfection of composition and harmony of colors.

17. *Benvenuto Cellini.* (1500-1571)

Famous sculptor, goldsmith and engraver. His masterpiece is the bronze statue of *Perseus.*

18. *Lorenzo Bernini.* (1598-1680)

Painter, sculptor and architect. To him we owe the famous Colonnade of St. Peter's Square in Rome.

19. *Tintoretto* (Jacopo Robusti 1542-1614)

Prolific painter of the Venetian school. Painted religious and historical subjects. His paintings are remarkable for their extraordinary colors.

GREAT MEN OF ITALY
(Music and Art)

I—*Match the following*:

A	B
1. Rossini	1. I Pagliacci
2. Caruso	2. Painter
3. Michelangelo	3. Madonna of the Chair
4. Della Robbia	4. William Tell
5. Verdi	5. David
6. Raffaello	6. Madame Butterfly
7. Donizzetti	7. Birth of Venus
8. Bernini	8. La Gioconda
9. Leoncavallo	9. Singer
10. Giotto	10. Architect
11. Cellini	11. Aida
12. Ponchielli	12. St. Peter' Colonnade
13. Brunelleschi	13. Perseus
14. Botticelli	14. enameled terra cotta
15. Puccini	15. Lucia di Lammermoor

II—*Complete the following statements*:

1. The composer of "The Barber of Seville" was ———.
2. "Il Giudizio Universale" was painted by ———.
3. The first edition of the "Divine Comedy" was illustrated by ———.
4. The composer of "La Traviata" was ———.
5. Cellini made the famous statue ———.
6. A famous statue by Michelangelo is ———.
7. The composer of "La Norma" was ———
8. The famous "Campanile" of Florence was designed by ———.
9. The composer of "La Tosca" was ———.
10. Brunelleschi designed and built the famous ——— Palace.
11. Mascagni composed the famous opera ———.
12. The ceilings of the Sistine Chapel were decorated by ———.
13. A famous violin maker was ———.
14. One of the greatest geniuses of all time was ———.
15. "Mona Lisa" was painted by ———.

III—*Multiple choice:*

1. Verdi composed (Cavalleria Rusticana, Otello, I Puritani).
2. Puccini composed (La Bohème, Aida, I Pagliacci).
3. The "Dance of the Hours" occurs in (Aida, Norma, La Gioconda).
4. A celebrated violinist was (Stradivari, Paganini, Tamagno).
5. Della Robbia was a (sculptor, painter, architect).
6. Botticelli was a (composer, singer, painter).
7. The "Transfiguration" was painted by (Michelangelo, Da Vinci, Raffaello).
8. The "Last Supper" is a (painting, statue, book).
9. Tiziano was a great (painter, composer, singer).
10. Perseus is a famous (statue, painting, opera).

GREAT MEN OF ITALY

C—SCIENCE

1. *Galileo Galilei* (1564-1642)

   Illustrious physicist, mathematician and astronomer. He was the founder of experimental science in Italy. Invented the thermometer and the telescope, and discovered the law of falling bodies. He proved that it is the earth which rotates around the sun and not the sun around the earth, as was believed at that time.

2. *Evangelista Torricelli.* (1608-1647)

   Physicist and mathematician; pupil of Galileo. He invented the barometer and studied the effect of atmospheric pressure.

3. *Luigi Galvani.* (1737-1827)

   Celebrated physicist. Made many important experiments in the field of electricity. The word "galvanize" was coined after his name.

4. *Alessandro Volta.* (1745-1827)

   Another great Italian physicist and pioneer in the field of electricity. Invented the storage battery. The words "volt", "voltage" and "voltmeter" were coined from his name.

5. *Marcello Malpighi.* (1628-1694)

Famous botanist and anatomist. He discovered and studied the circulation of the blood.

Malpighi was the founder of the science of comparative anatomy and comparative biology.

6. *Francesco Redi.* (1626-1698)

Famous biologist. He came to the conclusion that there is no such thing as spontaneous generation, but life can come into existence only from a preceding life of the same kind.

7. *Lazzaro Spallanzani.* (1729-1799)

Another great biologist. He made excellent studies on the circulation of the blood and digestion. He showed that many crawling animals can regenerate various parts of their bodies.

8. *Ferdinando Palasciano.* (1815-1891)

A Neapolitan doctor, originator of the Red Cross (1861).

9. *Guglielmo Marconi.* (1874-1938)

One of the greatest physicists of all time. His great contribution to civilization was the invention of the wireless telegraphy, which in turn, gave us the radio.

10. *Enrico Fermi.*

Great Italian phycisit. Winner of Nobel Prize. Worked on atomic bomb in the United States. Died November 1954 in Chicago at the age of 53.

D—LITERATURE

1. *Dante Alighieri.* (1265-1321)

One of the greatest poets of all time. He was the father of Italian poetry. He spent the best years of his life in exile because of his political affiliations. Wrote *La Divina Commedia* and *La Vita Nuova.* He established the Tuscan dialect as the literary language of Italy.

2. *Francesco Petrarca.* (1304-1375)

The first great humanist of the Renaissance. Was the creator of Italian lyric poetry. Wrote several historical books both in

Latin and in Italian. His greatest work is *Il Canzoniere,* a collection of his many poems.

3. *Giovanni Boccaccio.* (1313-1375)

The greatest prose writer of the 14th century. He fixed and enriched Italian prose. He wrote *Il Decamerone,* a famous collection of short stories.

4. *Niccolò Macchiavelli.* (1469-1527)

Famous writer and historian of the 15th-16th centuries. Wrote *Il Principe.*

5. *Ludovico Ariosto.* (1474-1533)

Brilliant poet of the Renaissance. Wrote many comedies and the famous epic poem *Orlando Furioso.*

6. *Torquato Tasso.* (1544-1595)

Wrote several plays and the immortal heroic poem *La Gerusalemme Liberata.*

7. *Carlo Goldoni.* (1707-1793)

The greatest comedy writer of the 18th century. Most of his comedies were very successful and brought him fame. Some of his best are: *I Rusteghi, La Locandiera* and *Il Vero Amico.*

8. *Giacomo Leopardi.* (1798-1837)

A great lyric poet. Between the ages of 10 and 17 he learned by himself Latin, Greek, Hebrew, English and French. He was a profound lover of life but was never able to enjoy it because of his sickly body. Among his best poems is *Ode All'Italia.*

9. *Vittorio Alfieri.* (1749-1803)

The greatest Italian tragic poet. Wrote several historical tragedies.

10. *Alessandro Manzoni.* (1785-1873)

A great poet and novelist of the 19th century. He wrote the famous historical novel *I Promessi Sposi.*

11. *Giosuè Carducci.* (1835-1907)

A great classical poet of the second half of the 19th century. *Odi Barbare* is a collection of some of his best poems. Won Nobel prize in literature in 1906.

12. *Grazia Deledda.* (1872-1936)

One of the best contemporary novelist of Italy. One of her best novels is *La Madre.* Won Nobel prize in 1926.

13. *Luigi Pirandello.* (1867-1937)

A great novelist and playwright of our time. A number of his plays have been presented on the American stage. He won the Nobel Prize for literature in 1934.

14. *Gabriele d'Annunzio.* (1864-1938)

A truly great poet, novelist and playwright. One of his best novels is *Il Trionfo della Morte,* and one of his best tragedies is *La Figlia di Jorio.*

15. *Silvio Pellico.* (1788-1854)

A great patriot and martyr of the Risorgimento. Wrote the heart-rending book *Le Mie Prigioni* and the tragedy in verse *Francesca da Rimini.*

16. *Edmondo De Amicis.* (1846-1908)

Poet, writer and journalist. Author of the world famous book *Cuore,* which has been translated into practically every language.

17. *Benedetto Croce.* (1866-1953)

Literary critic and world renowned philosopher.

EXERCISES
GREAT MEN OF ITALY
(Science and Literature)

I—*Match the following:*

A	B
1. Malpighi	1. Barometer
2. Goldoni	2. Il Canzoniere
3. Galileo	3. Wireless
4. Deledda	4. Il Vero Amico
5. Dante	5. Telescope
6. Torricelli	6. Il Decamerone
7. Boccaccio	7. Storage battery
8. Marconi	8. La Madre
9. Petrarca	9. La Vita Nuova
10. Volta	10. Circulation of the blood
11. Carducci	11. Orlando Furioso
12. Ariosto	12. Odi Barbare

II—*Complete the following statements:*

1. Manzoni wrote the famous novel ———.
2. Galileo discovered the law of ———.
3. We owe the radio to ———.
4. The greatest prose writer of the 14th century was ———.
5. "La Locandiera" was written by ———.
6. Three Italians who won the Nobel prize for literature were
   ———. ——— and ———.
7. The great historian of the 15th-16th centuries was ———.
8. Effects of atmospheric pressure were studied by ———.
9. Pirandello was a great ———.
10. Galvani was a great ———.
11. Palasciano was the originator of ———.
12. Francesco Redi is famous for ———.

XIII ITALY FROM FASCISM TO THE PRESENT

On October 28, 1922 a new era began for Italy. The fascists, led by Benito Mussolini, took over the government of Italy, and the king, Victor Emmanuel III became only a figurehead.

Mussolini established order and discipline where chaos and anarchy had existed. New schools, roads and hospitals were built. The Mafia, a mob of racketeers and cutthroats which had terrorized Southern Italy, was wiped out. The mail and train schedules were improved. The Pontine Marshes, in Central Italy, were dried up, and where malaria had reigned, new cities were built. Traveling theatres (Carro di Tespi) and after-work clubs (Dopolavoro) for sports and recreation were organized. Many other improvements were made in Italy.

BUT: Freedom of press was suppressed. Newspapers and all other publications had to be government approved. Freedom of speech vanished. Soon no one could obtain a civil service job unless he became a member of the fascist party. New school books, saturated with fascist doctrines were issued. Pupils and teachers had to wear uniforms in the class rooms. All children, boys as well as girls, had to belong to different clubs where they were indoctrinated with fascist ideologies. They were taught to regard Mussolini as a god. "Mussolini ha sempre ragione" (Mussolini is always right) was the pass word. Il Duce came to believe it himself. His picture was in every classroom. A magnificent stadium was built in Rome. It was called Foro Mussolini. (The name has now been changed to Foro d'Italia).

Drunk with power, Mussolini began the invasion of Ethiopia in 1935 and completed it the following year. Then began his unholy alliance with Hitler and finally, on June 10, 1941, he entered the war against the Allies. This was a very severe blow for the Italian people, for they always had great love and admiration for the United States. In several cities people actually wore black (in mourning) on the day war was declared.

In 1944 King Victor Emmanuel woke up to reality and had Mussolini arrested. On June 3 of the same year Italy surrendered to the Allies. The remnants of the Italian army and bands of patriots began to fight on the side of the Allies against the Germans, who had invaded Italy. Fighting bravely they rendered invaluable help to the Allies and won the high praise of the Allied command. Meanwhile the Germans managed to free Mussolini who then continued his losing fight in Northern Italy.

Mussolini was finally captured by some patriots while attempting to flee Italy, and on April 28, 1945 was shot and killed.

In June 1946 the Italian people voted to overthrow the monarchy and thus Italy became a republic.

The peace treaty deprived Italy of all her African colonies (Somaliland, Libya and Eritrea), the Dodecanese Islands and most of the Istrian Peninsula with its important cities of Trieste and Fiume. Trieste was later returned to Italy.

The destruction caused by the war in Italy was simply appalling. Many towns were completely razed to the ground. People actually had to live in caves. However, Italians are a people not easily discouraged. As soon as possible after the war they began the arduous task of reconstruction, and they have succeeded to the point where the scars of war have almost completely disappeared. Italy's economic recovery has been phenomenal.

For a long time after the war the threat of communism hung heavily over the Italian people. But in the general elections of 1948 the communists suffered a severe defeat from which they have not recovered. The strongest political party in Italy today is the Christian Democratic Party.

The Italian Parliament, composed of the Senate (Senato) and the Chamber of Deputies (Camera dei Deputati), elects the President of the Republic for a seven year term. The first president was Luigi Einaudi. It's second is Giovanni Gronchi. The Prime Minister, appointed by the President, is the head of the government. The members of the Chamber of Deputies are elected for a five year term, one for every 80,000 inhabitants. The Senators are elected for a six year term, one for every 200,000 inhabitants. In addition the President may appoint five Senators for life, chosen among eminent citizens. Former Presidents of the Republic are also life members of the Senate.

Italy became a member of NATO in 1949 and of the UN in 1955. Thus it has again taken its rightful place among the honored nations of the world.